Jahn · Hertha BSC

Michael Jahn

Hertha BSC – die 100 wichtigsten Spiele

Geschichten, Berichte und Statistiken

Arete Verlag Hildesheim

Bibliografische Information der Deutschen Nationalbibliothek
Die Deutsche Bibliothek verzeichnet diese Publikation in der Deutschen Nationalbibliografie; detaillierte bibliografische Daten sind im Internet über http://dnb.ddb.de abrufbar.

www.arete-verlag.de; E-Mail: bestellung@arete-verlag.de

Titelfoto: imago/Camera 4
Umschlagfotos (v.o.n.u.): imago/WEREK, imago/Camera 4, imago/ActionPictures, imago/Hübner
Layout, Satz und Umschlaggestaltung: Composizione Katrin Rampp, Kempten
Druck und Verarbeitung: ScandinavianBook, Neustadt an der Aisch
ISBN 978-3-96423-082-9

Inhalt

Vorwort ... 7
1892/1893 ... 9
4. Mai 1910: BFC Hertha 1892 – Southend United 3:1 (2:1) ... 10
18. September 1910: BFC Hertha 1892 – Tennis Borussia 6:2 (2:1) ... 11
27. Juni 1925: Preußen Eberswalde – Hertha BSC 0:8 (0:5) ... 12
13. Juni 1926: SpVgg. Fürth – Hertha BSC 4:1 (3:1) ... 13
29. Mai 1927: Hertha BSC – SpVgg. Fürth 2:1 (0:1) ... 14
12. Juni 1927: Hertha BSC – 1. FC Nürnberg 0:2 (0:1) ... 15
29. Juli 1928: Hamburger SV – Hertha BSC 5:2 (3:1) ... 16
28. Juli 1929: SpVgg. Fürth – Hertha BSC 3:2 (1:1) ... 17
22. Juni 1930: Hertha BSC – Holstein Kiel 5:4 (3:3) ... 18
14. Juni 1931: Hertha BSC - 1860 München 3:2 (1:2) ... 20
8. Juli 1945: SG Gesundbrunnen – SG Reinickendorf 7:8 ... 22
1. Oktober 1950: Hertha BSC – BFC Südring 5:0 (2:0) ... 23
24. August 1963: Hertha BSC – 1. FC Nürnberg 1:1 (0:1) ... 24
16. Oktober 1963: Hertha BSC – AS Rom 1:3 (1:1) ... 26
23. Juni 1968: Hertha BSC – SV Alsenborn 1:1 (0:0) ... 28
26. September 1969: Hertha BSC – 1. FC Köln 1:0 (0:0) ... 29
18. April 1970: Hertha BSC – Borussia Dortmund 9:1 (6:0) ... 30
5. Juni 1971: Hertha BSC – Arminia Bielefeld 0:1 (0:0) ... 31
15. Dezember 1971: Hertha BSC – Schalke 04 3:0 (1:0) ... 32
16. November 1974: Tennis Borussia – Hertha BSC 0:3 (0:0) ... 33
1. Februar 1975: Hertha BSC – Bayern München 4:1 (1:1) ... 34
19. April 1975: Hertha BSC – Borussia Mönchengladbach 2:1 (1:1) ... 36
4. Oktober 1975: Hannover 96 – Hertha BSC 2:6 (1:3) ... 37
11. Juni 1976: Bayern München – Hertha BSC 7:4 (6:0) ... 38
16. April 1977: Tennis Borussia – Hertha BSC 2:0 (0:0) ... 39
28. Mai 1977: Hertha BSC – 1. FC Köln 1:1 (1:1, 0:1) n.V. ... 40
30. Mai 1977: Hertha BSC – 1. FC Köln 0:1 (0:0) ... 41
29. Oktober 1977: Bayern München – Hertha BSC 0:2 (0:1) ... 42
28. Januar 1978: Eintracht Frankfurt – Hertha BSC 0:5 (0:1) ... 44
21. März 1979: Dukla Prag – Hertha BSC 1:2 (1:1) ... 46
25. April 1979: Hertha BSC – Roter Stern Belgrad 2:1 (2:0) ... 47
23. Juni 1979: Hertha BSC – Fortuna Düsseldorf 0:1 (0:0, 0:0) n.V. ... 48
30. Januar 1980: TuS Langerwehe – Hertha BSC 2:1 (0:1) ... 49
31. Mai 1980: Hertha BSC – VfB Stuttgart 4:2 (3:1) ... 50
31. Januar 1981: Hertha BSC – Bayer Uerdingen 5:1 (2:0) ... 51
28. Februar 1981: Hertha BSC – Fortuna Düsseldorf 2:1 (1:0) ... 52
16. Mai 1981: Hertha BSC – Eintracht Braunschweig 2:4 (1:1) ... 53
22. Mai 1982: Hertha BSC – Hannover 96 2:0 (2:0) ... 54
24. Juni 1987: Hertha BSC – BVL Remscheid 1:3 (1:0) ... 55
11. November 1989: Hertha BSC – Wattenscheid 09 1:1 (0:1) ... 56
27. Januar 1990: Hertha BSC – 1. FC Union Berlin 2:1 (1:1) ... 58
1. Mai 1990: Alemannia Aachen – Hertha BSC 1:1 (0:0) ... 60
31. März 1993: Hertha BSC/Amateure – Chemnitzer FC 2:1 (2:1) ... 61
12. Juni 1993: Hertha BSC/Amateure – Bayer Leverkusen 0:1 (0:0) ... 62
7. April 1997: Hertha BSC – 1. FC Kaiserslautern 2:0 (1:0) ... 64
22. Mai 1997: SpVgg. Unterhaching – Hertha BSC 1:2 (0:1) ... 66
3. August 1997: Hertha BSC – Borussia Dortmund 1:1 (1:1) ... 67
25. Oktober 1997: Hertha BSC – Karlsruher SC 3:1 (0:1) ... 68
14. Februar 1998: Hertha BSC – Bayern München 2:1 (1:0) ... 69
18. April 1998: 1860 München – Hertha BSC 3:1 (2:0) ... 70

29. Mai 1999: Hertha BSC – Hamburger SV 6:1 (1:0) 71
15. September 1999: Galatasaray Istanbul – Hertha BSC 2:2 (1:2) 72
21. September 1999: Hertha BSC – Chelsea London 2:1 (1:0) 74
20. Oktober 1999: Hertha BSC – AC Mailand 1:0 (1:0) 76
23. November 1999: Hertha BSC – FC Barcelona 1:1 (1:1) 78
1. August 2000: Hertha BSC – Bayern München 1:5 (0:0) 80
30. September 2000: Hertha BSC – 1. FC Köln 4:2 (3:2) 81
21. Juli 2001: Schalke 04 – Hertha BSC 1:4 (1:2) 82
2. Dezember 2001: Hertha BSC – Bayern München 2:1 (0:0) 84
6. Dezember 2001: Hertha BSC – Servette Genf 0:3 (0:1) 85
5. Februar 2002: Energie Cottbus – Hertha BSC 1:0 (0:0) 86
10. März 2002: Hertha BSC – Hamburger SV 6:0 (2:0) 87
1. August 2002: Schalke 04 – Hertha BSC 1:4 (0:2) 88
1. September 2002: Holstein Kiel – Hertha BSC 4:1 (1:1, 1:1, 1:0) n.E. 89
27. Juli 2003: Hertha BSC – Galatasaray Istanbul 4:1 (3:1) 90
28. Oktober 2003: Hansa Rostock- Hertha BSC 5:6 (2:2, 1:1, 0:1) n.E. 92
3. Dezember 2003: Werder Bremen – Hertha BSC 6:1 (3:0) 93
15. Mai 2004: 1860 München – Hertha BSC 1:1 (1:0) 94
21. Mai 2005: Hertha BSC – Hannover 96 0:0 96
7. Oktober 2005: Viktoria Jüterbog – Hertha BSC 2:30 (0:14) 97
4. August 2007: SpVgg. Unterhaching – Hertha BSC 0:3 (0:1) 98
7. Juli 2008: Hertha BSC – Nistru Otaci 8:1 (5:0) 99
14. Februar 2009: Hertha BSC – Bayern München 2:1 (1:0) 100
7. März 2009: Energie Cottbus – Hertha BSC 1:3 (1:2) 102
16. Mai 2009: Hertha BSC – Schalke 04 0:0 104
27. September 2009: TSG 1899 Hoffenheim – Hertha BSC 5:1 (3:1) 105
4. Oktober 2009: Hertha BSC – Hamburger SV 1:3 (1:3) 106
13. März 2010: Hertha BSC – 1. FC Nürnberg 1:2 (1:0) 107
17. September 2010: 1. FC Union – Hertha BSC 1:1 (0:1) 108
5. Februar 2011: Hertha BSC – 1. FC Union 1:2 (1:1) 109
25. April 2011: MSV Duisburg – Hertha BSC 0:1 (0:1) 110
15. Mai 2011: Hertha BSC – FC Augsburg 2:1 (1:0) 112
15. Mai 2012: Fortuna Düsseldorf – Hertha BSC 2:2 (1:1) 114
3. September 2012: 1. FC Union – Hertha BSC 1:2 (0:1) 116
11. Februar 2013: Hertha BSC – 1. FC Union 2:2 (0:1) 118
10. August 2013: Hertha BSC – Eintracht Frankfurt 6:1 (2:1) 120
20. April 2016: Hertha BSC – Borussia Dortmund 0:3 (0:1) 122
7. Dezember 2017: Hertha BSC – Östersunds FK 1:1 (0:0) 123
28. September 2018: Hertha BSC – Bayern München 2:0 (2:0) 124
18. Mai 2019: Hertha BSC – Bayer Leverkusen 1:5 (1:2) 126
2. November 2019: 1. FC Union Berlin – Hertha BSC 1:0 (0:0) 128
30. November 2019: Hertha BSC – Borussia Dortmund 1:2 (1:2) 129
16. Mai 2020: TSG 1899 Hoffenheim – Hertha BSC 0:3 (0:0) 130
22.Mai 2020: Hertha BSC – 1. FC Union 4:0 (0:0) 131
11. September 2020: Eintracht Braunschweig – Hertha BSC 5:4 (3:2) 132
28. August 2021: Bayern München – Hertha BSC 5:0 (2:0) 133
19. März 2022: Hertha BSC – TSG 1899 Hoffenheim 3:0 (1:0) 134
24. April 2022: Hertha BSC – VfB Stuttgart 2:0 (1:0) 136
23. Mai 2022: Hamburger SV – Hertha BSC 0:2 (0:1) 138
Epilog: Hoffen auf eine bessere Zukunft 140
Quellenverzeichnis 142
Zum Autor 143

Vorwort

Hertha BSC kann ein Jubiläum feiern. Am 25. Juli 2022 ist der Verein stattliche 130 Jahre alt. Wer auf ein solch stolzes Alter verweisen kann, hat eine bewegte und bewegende Geschichte hinter sich und hoffentlich eine gute und erfolgreiche Zukunft vor sich. Das trifft auf Hertha BSC zu, gern auch respektvoll die „Alte Dame" genannt.

Herthaner, so werden die Mitglieder des Vereins, die Fans und auch die Sympathisanten genannt, haben viel erlebt. Das gilt für die Anhänger der ersten Stunde wie für die Herthaner, die in der Gegenwart dem Traditionsverein die Treue halten. Es gab zwei Deutsche Meisterschaften zu feiern, Pokalfinals, internationale Duelle, die Champions League. Es gab Abstiege zu verarbeiten und zu überwinden, bittere Niederlagen einzustecken und auf der anderen Seite wunderbare Siege, tolle Tore und ihre Schützen zu feiern. Leider liegen die ganz großen Erfolge schon lange zurück und es ist an der Zeit, neue sportlich erfolgreiche Kapitel aufzuschlagen. Das erfordert Fleiß, Geduld, auch etwas Glück, wirtschaftliche Kraft – eben eine kluge Vereinspolitik in oft schwierigen Zeiten.

Hertha ist wie die Stadt Berlin – unfertig, bunt und vielfältig, weltoffen, oft ungeduldig und lebendig, aber auch mit Ecken und Kanten und voller Probleme. Der Anspruch, erfolgreich zu sein, ist immer sehr hoch.

Christian Becker, Chef des Arete Verlags aus Hildesheim – ein langjähriger, kenntnisreicher Anhänger der Hertha – und Sportjournalist Michael Jahn, der Autor des vorliegenden Buches, hatten sich Gedanken gemacht, wie man die 130 Jahre Hertha würdigen kann, obwohl bereits in den zurückliegenden Jahren zahlreiche Publikationen über den Verein erschienen sind. In den Jahrzehnten seit 1892 bis heute haben mehrere Generationen an Spielern, die das Hertha-Trikot trugen, tausende Duelle bestritten. Allein in der Bundesliga – Hertha gehörte 1963 zu den Gründungsmitgliedern – sind es bereits über 1.300 Spiele.

Wir haben uns entschieden, 100 besondere Spiele in der Vereins-Historie auszuwählen und diese in Kurzform in Erinnerung zu bringen. Die Auswahl fiel schwer und man kann sie durchaus diskutieren. Es gab objektive Kriterien wie Meisterschaften, Finalteilnahmen, Pokal-Siege und -Niederlagen, Rekordspiele oder wichtige Duelle im Abstiegs- und im Aufstiegskampf. Dazu kamen auch einige subjektive, emotional gefärbte Erinnerungen des Autors, der als langjähriger Hertha-Reporter über 500 Spiele live erleben konnte. Bei einigen Duellen der langen Vereinsgeschichte, vor allem in den Anfangsjahren, ist die Quellenlage so schlecht, dass nur noch wenige Informationen vorhanden waren und in die kurzen Texte einfließen konnten. Das bitten wir zu entschuldigen. Wir hoffen, mit den 100 ausgewählten Begegnungen eine treffende Mischung gefunden zu haben. Schön wäre es, wenn beim Lesen und Erinnern auch die Emotionen wieder hervorgerufen werden.

Michael Jahn

Auftakt mit einem Sieg

1892/1893

Es gibt keine exakten Kenntnisse darüber, wann und gegen welchen Gegner der am 25. Juli 1892 von den Brüderpaaren Fritz und Max Lindner und Otto und Willi Lorenz gegründete Fußballverein BFC Hertha 1892 in seinem ersten Duell gespielt hat. Im „Hertha-Kompendium" von Harald Tragmann und Harald Voss wird Fritz Lindner als Zeitzeuge aufgeführt, der in den 1930er-Jahren fünf Spiele benannte, die wohl tatsächlich die ersten Duelle darstellten, die der junge Verein absolvierte.

Laut Lindner bestritt Hertha sein erstes Spiel in Moabit. Gegner war Berolina, die man mit 4:0 bezwang. Das nächste Duell soll auch noch im Jahr 1892 ein 3:0-Erfolg gegen den BFC Preußen aus Schönholz gewesen sein.

Verbürgt ist eine 0:1-Niederlage gegen den BFC Anita am 16. April 1893 auf dem Tempelhofer Feld. Schon am 4. Juni 1893 folgte auf dem „Exer", dem heutigen Friedrich-Ludwig-Jahn-Sportpark in Prenzlauer Berg, wo Hertha seine Heimspiele austragen durfte, gegen den BFC Anita ein 5:0 (2:0)-Erfolg. Den „Exer" teilte man sich zuerst mit den Vereinen Alemannia 90 und Helgoland 97.

Sogar die Torschützen beim Sieg gegen den BFC Anita sind überliefert: 1:0 W. Steffen, 2:0 W. Tauchert, 3:0 R. Kern, 4:0 F. Lindner, 5:0 Frensch.

Dabei handelte es sich um Willi Steffen, einem Stürmer, der bis 1900/1901 für den BFC Hertha 1892 spielte. Der Schütze zum 2:0 war Mittelfeldmann Tauchert, der drei Spielzeiten beim BFC dabei war – bis 1895/96. Den Treffer zum 3:0 hatte Reinhold Kern erzielt – auch ein Mann der ersten Stunde. Vereins-Mitgründer Fritz Lindner schaffte gegen den BFC Anita das 4:0. Und das 5:0 ging auf das Konto eines Spielers namens Wilhelm Frensch.

Das nächste Spiel, von dem der Torschütze überliefert ist, stammt vom 3. September 1893. Hertha schlug auf dem „Exer" den BFC Vineta mit 1:0 durch einen Treffer von Reinhold Kern. Man kann sagen, die ersten Spiele des BFC Hertha 1892 waren vielversprechend.

Freundschaftsspiel

Ein historischer Erfolg

4. Mai 1910: BFC Hertha 1892 – Southend United 3:1 (2:1)

Wohl beinahe jeder Fußballfan, der sich für die Historie interessiert, kennt den grandiosen Sieg der ungarischen Nationalmannschaft gegen Gastgeber England in London am 15. November 1953. Die bis dahin auf der Insel ungeschlagenen Engländer unterlagen den Ungarn vor 105.000 Zuschauern im Wembley-Stadion sensationell mit 3:6. Ungarn bezwang als erste Mannschaft vom kontinentalen Europa die Engländer auf deren Insel. Nandor Hidegkuti mit drei Treffern, Ferenc Puskás mit zwei Toren und Joszef Bozsik mit einem Treffer waren die Schützen der damals überragenden Ungarn, deren lange Siegesserie erst 1954 bei der Weltmeisterschaft in der Schweiz im Finale von Herbergers DFB-Elf gestoppt wurde.

Was hat das mit Hertha zu tun? Auch die Berliner schafften Historisches, aber in einem viel kleinerem Rahmen und eher unbeachtet. Auf dem Schebera-Sportplatz im Wedding waren im Mai 1910 die Halbprofis der englischen Mannschaft Southend United zu Gast. Hertha verlangte Rekord-Eintrittspreise (Sitzplatz: 3 Mark; 1. Platz: 2 Mark; 2. Platz: 1,25 Mark). Das bezahlten die Anhänger aber gern.

Nach einem 0:1-Rückstand siegte Hertha überraschend mit 3:1 – bejubelt von den 1.200 Zuschauern. Es war – wie sich herausstellte – der erste Erfolg einer Mannschaft aus dem kontinentalen Europa gegen englische Halbprofis! 2022 spielt Southend United, Spitzname „The Shrimpers" („die Garnelen") in der National League, also der fünften Liga in England. Beheimatet ist die Mannschaft in Prittlewell-Southend-on-See.

Hertha: Braunert, Hirth, W. Schreiber, W. Köckeritz, Zargus, R. Voigt, W. Ruscher, M. Haase, R. Haupt, F. Schulz, P. Herbst

Zuschauer: 1.213 auf dem Schebera-Platz (Wedding)

Tore: 0:1 Toone (11.), 1:1 P. Herbst (30.), 2:1 R. Haupt (44.), 3:1 P. Herbst (88.)

1. Klasse des VBB

Beginn einer großen Rivalität

18. September 1910: BFC Hertha 1892 – Tennis Borussia 6:2 (2:1)

Die Saison in der 1. Klasse des VBB (Verband Berliner Ballspielvereine) 1910/11 startete mit neun Mannschaften, darunter der BFC Hertha 1892, der in der Spielzeit davor den 4. Platz belegt hatte. Die Mannschaft von Tennis Borussia war dagegen aufgestiegen. Beim Start der Liga kam es zum überhaupt ersten Derby zwischen den beiden Teams, die fortan eine große Rivalität entwickelten und bis zum heutigen Tag in 111 Pflichtspielen aufeinandertrafen. Hertha spielte traditionell in Blau-Weiß und Tennis Borussia (TeBe) in lila-weißen Trikots. Hertha demütigte den Aufsteiger auf dem Schebera-Sportplatz im Wedding und siegte deutlich mit 6:2 (2:1). Der Herthaner Hirth vergab noch einen Elfmeter. Nicht alle Torschützen aus dieser Partie sind leider überliefert. Warum auch immer …

Allerdings gab es einen Protest von Tennis Borussia, dessen Grund nicht mehr bekannt ist. Dem wurde aber stattgegeben und ein Wiederholungsspiel angesetzt. Dieses Spiel – drei Monate später – am 18. Dezember 1910 wieder auf dem Schebera-Platz ausgetragen, endete vor 600 Zuschauern mit einem Debakel für TeBe. Hertha fegte den Gegner regelrecht vom Platz und siegte mit 11:1 (6:0). Bekannt ist, dass der Verlierer auch einen Elfmeter verschoss.

Diese beiden Partien waren der Beginn einer heftigen Rivalität. Bis heute gelten die Derbys der beiden Vereine gegeneinander als die wichtigsten Duelle zweier erfolgreicher Berliner Klubs – obwohl TeBe gegenwärtig nur noch in der Regionalliga vertreten ist. Andere Berliner Stadtderbys unter Beteiligung von Blau-Weiß 90, Tasmania oder dem 1. FC Union Berlin haben noch nicht den Kultstatus der Auseinandersetzungen zwischen Hertha und Tennis Borussia erreicht.

Hertha: Braunert, Hirth, F. Schulz, P. Herbst, J. Haase, R. Voigt, Geißler, M. Hasse. (Aufstellung und Torschützen sind unvollständig)

Zuschauer: 1.000 auf dem Schebera-Platz (Wedding)

Tore: 0:1 N. N. (17.), 1:1 N. N. (22.), 2:1 P. Herbst (35.), 2:2 N. N. (53.), 3:2 M. Haase (58.), 4:2 F. Schulz (61. Elfmeter), 5:2 Geißler (72.), 6:2 Geißler (80.)

Gestatten: Erich Poppe alias Hanne Sobek

27. Juni 1925: Preußen Eberswalde – Hertha BSC 0:8 (0:5)

Im Juni 1925 erfolgte der wohl wichtigste Spielerwechsel in der Vereinsgeschichte der Hertha. Hanne Sobek, der erste große Star der Berliner, der die Mannschaft als Kapitän und unumstrittener Anführer sechsmal ins Finale um die Deutsche Meisterschaft führte und zweimal den Titel erkämpfte, kam von Alemannia 90 zur Hertha. Noch am 21. Juni lief er für Alemannia auf und unterlag gegen Union Oberschöneweide mit 1:3. Gleichzeitig war Sobeks kommender Sturmpartner Hanne Ruch von Union 92 zur Hertha gewechselt.

Kurios entwickelte sich dabei der erste Einsatz von Sobek für seinen neuen Verein. Hertha absolvierte ein Freundschaftsspiel bei Preußen Eberswalde nahe Berlin. Das passierte nur sechs Tage, nachdem Sobek noch im Trikot von Alemannia 90 aufgelaufen war. Deshalb lag noch keine Spielberechtigung für ihn bei der Hertha vor. Sobek aber wollte unbedingt spielen. Und auch der Verein wollte sein neues Aushängeschild sofort einsetzen. Also firmierte er unter dem Namen Erich Poppe, einem Stammspieler der Hertha. Andere Quellen berichten, dass auf dem Spielberichtsbogen lediglich der Name „Hanne" stand. Sobek war aber auch im Brandenburgischen schon so bekannt, dass der Schwindel sofort aufflog. Auch der Fußballverband war schnell im Bilde und Hertha musste als Strafe sämtliche Einnahmen aus dem Spiel an den Verband abführen.

Schon einen Tag später traf Hertha ebenfalls in einem Freundschaftsspiel auf eine Auswahl aus Nieder-Finow und gewann hoch mit 11:1. Chroniken vermerken, dass Halbstürmer Hanne Sobek acht Tore erzielt hatte. Es war der Beginn einer großen Ära – für Hertha und Sobek.

Hertha: Schmidt, Domscheidt, Fischer, Haberstroh, Tewes, Leuschner, Ruch, Sobek, Grenzel, Völker, Lubig

Zuschauer: unbekannt (Stadion Eberswalde)

Tore: Sobek wird beim 8:0-Sieg in Eberswalde als Schütze zum 3:0 geführt. Andere Torschützen sind nicht überliefert.

Im ersten Endspiel klar unterlegen

13. Juni 1926: SpVgg. Fürth – Hertha BSC 4:1 (3:1)

Hertha BSC hatte unter Führung von Hanne Sobek zum ersten Mal das Endspiel um die Deutsche Meisterschaft erreicht. Im Frankfurter Waldstadion, wo 40.000 Zuschauer versammelt waren, galt die SpVgg. Fürth als der klare Favorit und die damals technisch beste Mannschaft in Deutschland. Zum ersten Mal wurde das Finale live im Radio übertragen. Besonders in Berlin saßen viele Anhänger der Hertha vor den Radioapparaten. Aber es schien sich vieles gegen die Hertha zu wenden – schon vor dem Anpfiff. Der Berliner Mannschaftsbus verfuhr sich auf dem Weg ins Stadion, auch eine schwarze Katze lief über die Straße (viele Spieler waren abergläubig) und einige in der Sicht behinderte Zuschauer holten im Stadion eine Hertha-Fahne vom Mast. Auch der von einem Flugzeug abgeworfene Spielball landete zufällig im Hertha-Netz.

Doch das Team um Hanne Sobek ging sogar in Führung durch einen frühen Treffer von Stürmer Hanne Ruch. Aber recht schnell wendete sich das Blatt zugunsten der starken Fürther, die das Duell zunehmend dominierten. Bereits nach 68 Minuten stand das Endergebnis fest, dabei waren beim dritten Treffer der Fürther Herthas Leuschner und Torhüter Götze beteiligt. Leuschner wurde als Selbsttorschütze geführt. Die Sieger gefielen vor allem mit größerem Spielwitz und glänzender Technik. Der Erfolg des Favoriten war völlig verdient, was auch die Hertha-Spieler anerkannten. Bereits auf der Rückfahrt im D-Zug nach Berlin schworen sich die Berliner, im kommenden Jahr erneut anzugreifen. Der Meistertitel blieb das ganz große Ziel.

Hertha: Götze, Domscheidt, Fischer, Leuschner, Tewes, Völker, Ruch, Sobek, Grenzel, Kirsei, Gülle

Zuschauer: 40.000 im Frankfurter Waldstadion

Tore: 0:1 Ruch (9.), 1:1 Seiderer (27.), 2:1 Auer (36.), 3:1 Leuschner (38. Eigentor), 4:1 Ascherl (68.)

Als der Schlachtruf „Ha Ho He – Hertha BSC“ geboren wurde

29. Mai 1927: Hertha BSC – SpVgg. Fürth 2:1 (0:1)

In der Saison 1926/27 ging es um die 20. Deutsche Meisterschaft. Hertha BSC hatte sich als Berliner Meister im Achtelfinale des Championats mit 2:1 beim VfB Königsberg durchgesetzt und im Viertelfinale zu Hause Holstein Kiel mit 4:2 bezwungen. Nun wartete im Halbfinale ausgerechnet die SpVgg. Fürth auf die Berliner – der Gegner im Endspiel ein Jahr zuvor und amtierende Meister. Das Duell wurde in Leipzig-Probstheida ausgetragen, der Heimstätte des VfB Leipzig. Das Interesse der Hertha-Anhänger war riesengroß, der Ansturm auf die Tickets enorm. Schließlich machten sich 1.500 Herthaner vom Anhalter Bahnhof aus auf den Weg nach Leipzig. Die Stimmung soll großartig gewesen sein. Unterwegs machte der Sonderzug Halt in Wittenberg. Dort skandierten die Berliner plötzlich den Ruf „Ha Ho He – Hertha BSC“!

Wer diesen Ruf erfunden hat, ist bis heute nicht bekannt. Vielleicht war es eine kollektive Eingebung. Der Ruf ertönte auch sofort im Stadion, wo 25.000 Zuschauer das Halbfinale erleben wollten. Hertha dominierte zu Beginn, aber Fürth kam zum ersten Treffer, der allerdings aus einer Abseitsposition erzielt worden war, die nicht geahndet wurde. Doch Hertha drehte das Spiel. Willi Kirsei schaffte mit zwei Toren die Wende. Der Jubel der 1.500 Herthaner war groß und sie skandierten das „Ha Ho He-Hertha BSC“.

Der ehemalige Hertha-Stürmer Erwin Kostedde sagte Jahrzehnte später einmal: „Es ist so wichtig, wenn dieser Schlachtruf durch das Stadion hallt. Dann bekommen die Gegner immer Gänsehaut!“ Bis heute gehört dieser Ruf zu den Klassikern unter den Anfeuerungsrufen im deutschen Fußball. Er wurde von Generation zu Generation unter den Fans weitergegeben.

Hertha: Götze, Domscheidt, Fischer, Leuschner, Tewes, Müller, Ruch, Sobek, Grenzel, Kirsei, Gülle

Zuschauer: 25.000 in Leipzig-Probstheida

Tore: 0:1 Franz (35.), 1:1 Kirsei (55.), 2:1 Kirsei (76.)

Trauer vor eigenem Publikum

12. Juni 1927: Hertha BSC – 1. FC Nürnberg 0:2 (0:1)

Nachdem sich Hertha im Halbfinale gegen die SpVgg. Fürth durchgesetzt hatte, standen die Männer um Hanne Sobek zum zweiten Mal im Endspiel um die Deutsche Meisterschaft. Ausgetragen wurde das Finale gegen den 1. FC Nürnberg im Deutschen Stadion in Berlin-Grunewald, das 50.000 Zuschauer fasste und komplett ausverkauft war. Das Interesse war groß, Hertha hatte inzwischen sehr viele Anhänger in ganz Berlin gewonnen, denen das meist ansehnliche, technisch starke Spiel der Mannschaft aus Gesundbrunnen gefiel. Endspiel-Gegner Nürnberg war dagegen vor allem für seinen kämpferischen Fußball bekannt. Die miesen Bodenverhältnisse – es hatte einige Tage geregnet und der Rasen war tief und schwer – kamen dem Stil der Nürnberger entgegen.

Hertha tat sich schwer. Man nutzte aber die neue Abseitsfalle durch das Duo Max Fischer und Emil Domscheidt. Die Abseitsregel war international verändert worden. Wo bis dahin mindestens drei gegnerische Spieler zwischen Tor und ballführendem Stürmer stehen mussten, waren es nun nur noch zwei. Dennoch ging der „Club" aus Franken schon nach sechs Minuten durch einen Freistoß von Kalb in Führung. Auch nach der Pause schlägt Nürnberg das höhere Tempo an und bestimmt meist das Spiel. Nach 65 Minuten heißt es 0:2 aus Berliner Sicht – eine Vorentscheidung ist gefallen. Danach wird es hektisch. Der Nürnberger Träg, Schütze des zweiten Treffers, muss nach einem Foul an Sobek vom Platz und Domscheidt verschießt für Hertha einen Elfmeter. Die Schlussphase wird turbulent, aber Hertha drängt vergeblich auf ein besseres Resultat. Auch das zweite Endspiel in Folge ging verloren. Fußball-Berlin trauerte.

Hertha: Götze, Domscheidt, Fischer, Leuschner, Tewes, Müller, Ruch, Sobek, Grenzel, Kirsei, Gülle

Zuschauer: 50.000 im Deutschen Stadion in Berlin-Grunewald

Tore: 0:1 Kalb (6.), 0:2 Träg (65.)

Die schwarze Serie hält an

29. Juli 1928: Hamburger SV – Hertha BSC 5:2 (3:1)

Bevor Hertha zum dritten Mal in Serie ins Endspiel um die Deutsche Meisterschaft einziehen konnte, führte der Weg natürlich über die Berliner Meisterschaft. Hertha musste sich in den Endspielen gegen ein starkes Tennis Borussia durchsetzen, benötigte drei Duelle, um als Champion in die Endrunde um den deutschen Titel einziehen zu können. Der lange Weg ins Finale führte über Erfolge gegen die Sportfreunde Breslau (7:0), Holstein Kiel (4:0) und Wacker München (2:1). Im Endspiel wartete der Hamburger SV. Nachdem Hertha 1927 Heimvorteil im Finale besaß und diesen gegen Nürnberg nicht nutzen konnte, musste man im Juli 1928 ein echtes Auswärtsspiel bestreiten, denn der HSV wartete im Stadion Altona, dem späteren Volksparkstadion.

60.000 Zuschauer trieben die Hamburger nach vorn, Hertha wurde durch rund 1.500 Anhänger unterstützt, die mit zwei Sonderzügen angereist waren. Doch sie hatten keinen Grund zur Freude. Der HSV bestimmte souverän das Duell, auch weil wieder einmal einige Herthaner nicht zu ihrer Normalform fanden. Im Tor der Berliner stand mit Paul Gehlhaar ein neuer, reaktionsschneller Keeper, der vom VfB Königsberg gekommen war. Der Torhüter verhinderte einige gute Chancen des HSV, war aber bei anderen Treffern machtlos. Die Hamburger führten schon nach 20 Minuten mit 3:0. Hertha aber zeigte Moral und kämpfte. In der zweiten Halbzeit setzte das Team alles auf eine Karte, erarbeitete sich gute Chancen, aber der HSV war viel effektiver. Nach dem 1:5 gelang Hans Grenzel nur noch Ergebniskosmetik. Den anderen Berliner Treffer hatte Willi Kirsei zum 1:3 erzielt. Langsam nahm Herthas Endspiel-Trauma dramatische Formen an.

Hertha: Gehlhaar, Domscheidt, Fischer, Leuschner, Müller, Völker, Ruch, Sobek, Grenzel, Kirsei, Gülle

Zuschauer: 60.000 im Stadion Altona in Hamburg

Tore: 1:0 Harder (7.), 2:0 Rave (17.), 3:0 Kolzen (20.), 3:1 Kirsei (24.), 4:1 Horn (57.), 5:1 Kolzen (64.), 5:2 Grenzel (75.)

Deutsche Meisterschaft

Die Fans verzweifeln allmählich

28. Juli 1929: SpVgg. Fürth – Hertha BSC 3:2 (1:1)

Der erneute Weg ins Finale um die Deutsche Meisterschaft war lang und beschwerlich für Hertha BSC. In der Berliner Meisterschaft waren wieder wie im Vorjahr drei Endspiele gegen Tennis Borussia notwendig, um in die Endrunde einzuziehen (1:0; 1:2; 5:2). Später wurden Preußen Hindenburg (8:1), Schalke 04 (4:1) und der 1. FC Nürnberg im Halbfinale geschlagen (0:0 n. V., 3:2), ehe es im Stadion Zabo in Nürnberg ins Finale gegen den alten „ewigen" Rivalen, die SpVgg. Fürth, ging. Herthas Team wurde inzwischen als wankelmütig beschrieben, spielte oft großartig auf und erlebte heftige Einbrüche. Finalgegner Fürth hatte nach Nürnberg nur eine Anreise von 15 Kilometern und unter den 50.000 Zuschauern waren lediglich rund 2.000 Hertha-Fans zu finden. Fürth galt als Favorit.

Wie meist musste Hertha im Finale einem Rückstand hinterherjagen. Fürth schaffte das 1:0, aber die Berliner wehrten sich tapfer und Hanne Sobek gelang der Ausgleich. Nach der Pause wurde es aber eine sehr harte und teils unfaire Partie. Herthas Verteidiger Hermann Schulz musste nach 63 Minuten nach einem bösen Foul des Fürthers Leinberger vom Platz. Schulz hütete danach sechs Monate mit Hals- und Kopfverletzungen das Krankenbett! Die erneute Führung von Fürth glich Sobek noch einmal aus, aber ein Kopfballtreffer von Rupprecht brachte den 3:2-Erfolg für Fürth. Die Zuschauer in Nürnberg feierten und demütigten die Berliner mit dem Ruf: „Hi Ha Ho – Hertha ist k.o." Herthas Fans aber verzweifelten nach der vierten Endspiel-Niederlage in Serie.

Hertha: Gehlhaar, Schulz (bis 63.), Domscheidt, Leuschner, Müller, Völker, Ruch, Sobek, Fritze, Lehmann, Kirsei

Zuschauer: 50.000 im Stadion Zabo in Nürnberg

Tore: 1:0 Auer (14.), 1:1 Sobek (43.), 2:1 Frank (66.), 2:2 Sobek (76.), 3:2 Rupprecht (85.)

Der große Triumph

22. Juni 1930: Hertha BSC – Holstein Kiel 5:4 (3:3)

Bevor Hertha BSC zum fünften Mal in Serie ins Endspiel um die Deutsche Meisterschaft einzog, schlug die Mannschaft in einem spektakulären Halbfinale den 1. FC Nürnberg mit 6:3 (3:3). Doch auch das Finale gegen Holstein Kiel im Düsseldorfer Rheinstadion entwickelte sich schnell zu einem dramatischen Spektakel mit Happyend für die Hertha. Die Anhänger der Berliner fieberten diesem Spiel entgegen, denn nun sollte allen Widrigkeiten zum Trotz endlich der erste Titel gewonnen werden. Die Mannschaft befand sich im Zenit ihres Könnens. Das Gros der 40.000 Zuschauer unterstützte aber den vermeintlichen Außenseiter aus Kiel. Der ging schon nach acht Minuten mit 2:0 in Führung. Sollte das Drama für Hertha weitergehen? Sollte auch das fünfte Finale verloren gehen? Unvorstellbar!

Dann ist es Kapitän Hanne Sobek, der seine Mitspieler aufrüttelt und zwei Treffer erzielt. Doch wieder geht Kiel in Führung, Tore fallen auf beiden Seiten. Ein Krimi könnte nicht aufregender und spannender sein. Bei sengender Hitze geben beide Teams alles, gehen an ihre letzten Reserven. Hertha kämpft, Hertha will den Titel unbedingt! Als beim Stand von 4:3 für Berlin der Kieler Ludwig nach 80 Minuten wegen angeblicher Schiedsrichterbeleidigung vom Platz muss, tobt das Publikum und treibt Holstein nach vorn. Nach 82 Minuten steht es 4:4 und es droht eine Verlängerung in der Hitzeschlacht. Doch drei Minuten vor Schluss gelingt Hanne Ruch das erlösende 5:4, wenig später folgt der Abpfiff. Hertha ist Deutscher Meister! Alle Spieler liegen sich in den Armen, in Berlin steigen spontane Siegesfeiern.

Einen Tag nach dem großen Sieg werden die Helden von Tausenden Fans empfangen. Berlin huldigt seiner Hertha. Die Spieler werden auf den Schultern der Anhänger getragen. Die Straßen sind verstopft. Überall Fans mit blau-weißen Fahnen. Die Tour vom Bahnhof Friedrichstraße bis nach Gesundbrunnen, wo in den Atlantic-Festsälen die Siegesfeier steigt, in offenen Autodroschken wird zu einer Triumphfahrt. Fußball-Berlin schwebt auf Wolke sieben. Endlich!

Hertha: Gehlhaar, Völker, Wilhelm, Leuschner, Müller, Radecke, Ruch, Sobek, Lehmann, Kirsei, Hahn

Zuschauer: 40.000 im Rheinstadion Düsseldorf

Tore: 0:1 Widmeyer (4.), 0:2 Ritter (8.), 1:2 Sobek (22.), 2:2 Sobek (26.), 2:3 Ludewig (29.), 3:3 Lehmann (36.), 4:3 Lehmann (68.), 4:4 Ritter (82.), 5:4 Ruch (87.)

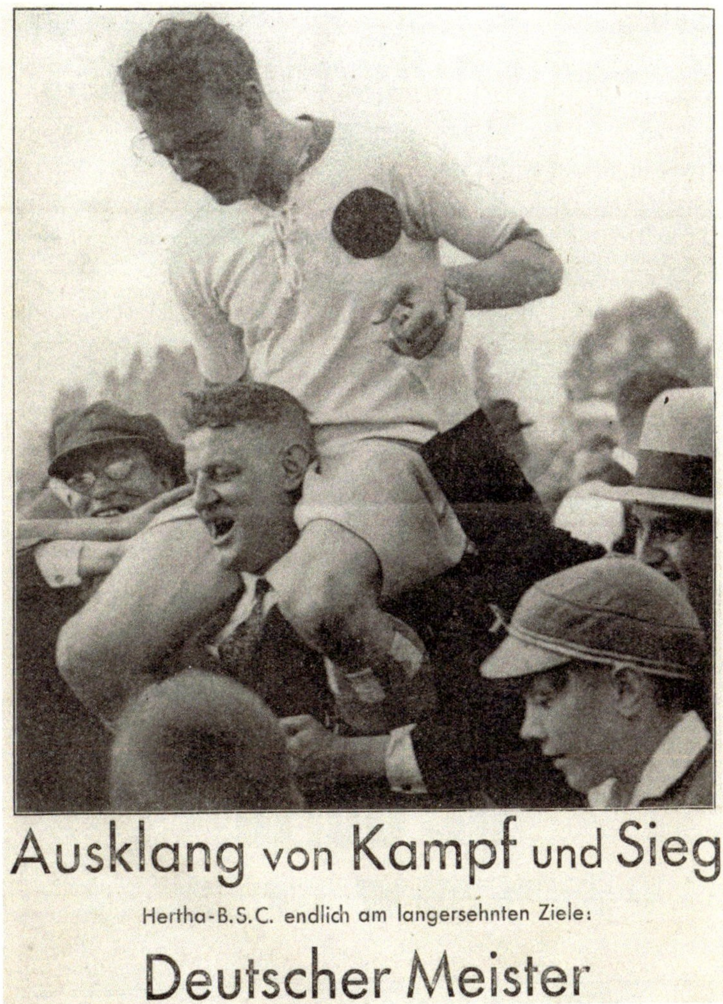

Ausklang von Kampf und Sieg

Hertha-B.S.C. endlich am langersehnten Ziele:

Deutscher Meister

Nach dem 5:4-Sieg im Finale 1930 wird Hanne Sobek von den Hertha-Anhängern auf den Schultern getragen und gefeiert (Privatarchiv Frank Schurmann)

Der zweite Titel

14. Juni 1931: Hertha BSC - 1860 München 3:2 (1:2)

Zum ersten Mal zog Hertha BSC als Titelverteidiger ins Endspiel um die Deutsche Meisterschaft ein, hatte zum sechsten Mal in Serie das ersehnte Finale erreicht. Schon das ist eine einmalige Leistung, die keine andere Mannschaft wiederholen konnte. Gegner im Müngersdorfer Stadion in Köln war der TSV 1860 München. Die Bayern waren im Schnitt viel jünger als die in vielen Stürmen und Kämpfen erprobte Hertha-Mannschaft, die seit Jahren beinahe in gleicher Besetzung ihre Siegesserie gestartet hatte. Doch Hertha erlebte ein Déjà-vu. Die Münchner gingen in Führung und die verschworene Truppe um Kapitän Hanne Sobek musste zum fünften Mal in einem Endspiel einen Rückstand einstecken. Doch es war Sobek – wer sonst? – der den Ausgleich erzielte und zur Attacke überging. 1860 schaffte jedoch noch vor dem Halbzeitpfiff die erneute Führung zum 2:1. In der Pause sagte Sobek zu seinen Kameraden: „Sollten wir verlieren, so hat uns eine gute Mannschaft geschlagen! Aber wir haben noch nicht verloren und wir werden gewinnen, falls unsere Gegner mauern. Darum bis zum letzten Augenblick auf Sieg!"

Nach 75 Minuten war es erneut Sobek, der den Treffer zum 2:2 erzielte, aber den wütenden Protest der Münchner hervorrief. Der Grund: Der Referee ließ weiterspielen, obwohl der Linienrichter eine Abseitsstellung angezeigt hatte.

Herthas Kapitän leitete dann auch die späte Entscheidung ein. Die Zuschauer in Köln hatten sich schon auf eine Verlängerung eingestellt, als Sobek den Ball zu Willi Kirsei spielte, der sich zuerst leicht verhaspelte, aber noch aus spitzem Winkel das 3:2 schaffte. Wieder reklamierten die Münchner, jedoch vergeblich.

Wenig später war Schluss und die Herthaner lagen sich erschöpft, aber überglücklich in den Armen. In Berlin bereiteten sich erneut tausende Anhänger auf den Empfang ihrer Helden vor. Die Fußball-Woche schieb: „Auf den Schultern trug die Menge die Herthaner zu drei großen Omnibussen. Kirsei als Schütze des Siegtores trug den Lorbeerkranz. Gewaltige Menschenmassen flankierten die Straßen, von Herzen kommender Jubel tönte den glücklichen Siegern entgegen."

Hertha: Gehlhaar, Völker, Wilhelm, Appel, Müller, Stahr, Ruch, Sobek, Lehmann, Kirsei, Hahn

Zuschauer: 50.000 im Müngersdorfer Stadion in Köln

Tore: 0:1 Oeldenberger (24.), 1:1 Sobek (44.), 1:2 Lachner (45.), 2:2 Sobek (75.), 3:2 Kirsei (89.)

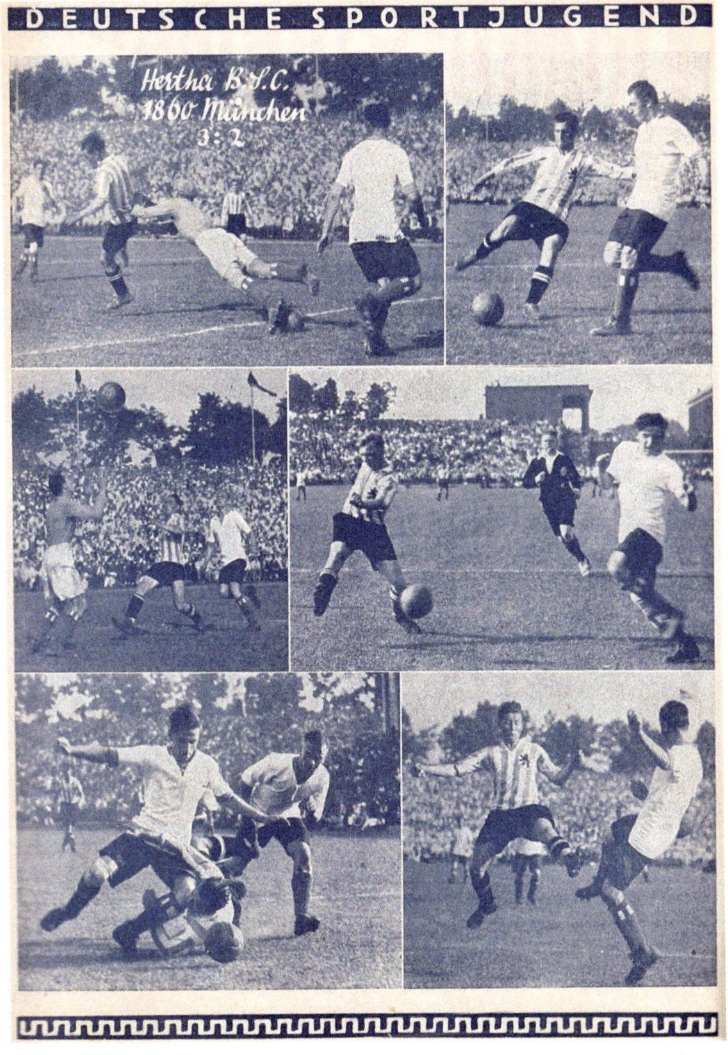

Turbulente Szenen aus dem Endspiel zwischen Hertha BSC und 1860 München
(Privatarchiv Frank Schurmann)

Freundschaftsspiel

Als SG Gesundbrunnen am Ball

8. Juli 1945: SG Gesundbrunnen – SG Reinickendorf 7:8

Nach dem Ende des Zweiten Weltkrieges ging es Hertha BSC wie vielen anderen Fußballvereinen auch. Das Stadion, die „Plumpe" im Gesundbrunnen, war zerstört und von Bombenkratern übersät. Der Verein wurde verboten und die Mitglieder waren traumatisiert, gefallen oder als Kriegsgefangene in Europa verteilt. Berlins sowjetischer Stadtkommandant Nikolai Bersarin hatte im April 1945 einen Befehl erlassen, nachdem die NSDAP und alle ihre Gliederungen aufzulösen waren. Da auch die Sportvereine seit 1938 Mitglied des Nationalsozialistischen Reichsbundes für Leibesübungen (NSRL) waren, galt das Verbot auch für sie. Auch Hertha BSC wurde als „nationalsozialistischer Fußballklub" eingestuft und verboten. Im Mai 1945 existierte Hertha BSC nicht mehr.

Später verständigte man sich in Berlin auf ein kommunal gestütztes Sportkonzept, bei dem ehemalige Nationalsozialisten natürlich ausgeschlossen waren. Es wurden kommunale Sportgruppen gebildet, in denen nur Sportler agieren durften, die in dem jeweiligen Stadtbezirk registriert waren. Bei der SG Gesundbrunnen versammelten sich ehemalige Spieler von Hertha BSC und der SV Norden-Nordwesten 98 (NNW 98). Der spätere Sportjournalist Lutz Rosenzweig, der seinerzeit in der Mannschaft der SG Gesundbrunnen spielte, erinnerte sich einmal: „Zur ersten Elf gehörten damals Köhler, Schneider, Hawellek, Heider, Jakubke, Quasebarth, Wenske, Hippler, Hausmann, Schünke und ich. Wir waren eine spielerisch gute Mannschaft."

Ihr erstes Spiel trug die SG Gesundbrunnen am 8. Juli 1945 aus. Das beliebte Stadion, die „Plumpe" war notdürftig hergerichtet worden und in einem Freundschaftsspiel unterlag Gesundbrunnen gegen die SG Reinickendorf mit 7:8.

Im September 1945 wurde dann eine Art Ligaspielbetrieb organisiert. Am 2. September gewann die SG Gesundbrunnen auf dem Sportplatz Müllerwiese bei der SG Rehberge mit 6:3. Von beiden Begegnungen – den Spielen gegen Reinickendorf und gegen Rehberge – existieren leider keine Statistiken mehr.

Helmut Schön im Hertha-Trikot

1. Oktober 1950: Hertha BSC – BFC Südring 5:0 (2:0)

Heute würde man von der Fusion zweier Riesen sprechen. Aber 1950 wurde das Ereignis, dass mit Hertha BSC zu tun hatte, eine Nummer kleiner behandelt. Der Blick geht zuerst Richtung Osten. In der DDR-Oberliga spielte die SG Dresden-Friedrichstadt, der Nachfolger des berühmten Dresdner SC, Deutscher Meister von 1943 und 1944. Das Team um Nationalspieler Helmut Schön, den späteren Bundestrainer und Weltmeistercoach („Der Mann mit der Mütze") war von den DDR-Oberen in der Meisterschaft klar benachteiligt worden. Danach machten sich elf Spieler aus Dresden frustriert und enttäuscht auf, um nach West-Berlin zu gehen. Sie suchten eine neue Existenz. Helmut Schön war es auch, der jahrelang einen guten Kontakt mit Hertha-Legende Hanne Sobek gepflegt hatte und deshalb beste Verbindungen besaß.

Die Dresdner schlossen sich allesamt Hertha BSC an. Was für eine Verbindung! Diese Sächsisch-Berlinische Symbiose versprach Erfolg. Doch es funktionierte nicht. Die starken Dresdner dominierten das Team, die wenigen Herthaner fühlten sich benachteiligt. Schnell kam es zu Spannungen in der ungewöhnlichen Gemeinschaft. Die Dresdner wurden nie richtig heimisch und das Gros verließ schon nach einer Saison – Hertha landete in der Oberliga Berlin auf Platz 3 – Verein und Stadt. Die meisten Akteure gingen nach Heidelberg, wo man unter dem Namen DSC Heidelberg weiterspielte. Dennoch passierte in Berlin Ungewöhnliches. So agierte Helmut Schön als Trainer und kam selbst noch zu drei Einsätzen als Spieler. Am 1. Oktober 1950 schaffte das gemischte Team seinen ersten Sieg. Der BFC Südring wurde mit 5:0 (2:0) vom Platz gefegt. Helmut Schön, ein halbrechter Stürmer, war der beste Mann auf dem Rasen und zeigte noch einmal, warum er zu 16 Länderspielen gekommen war.

Hertha: Birkner, Jungnickel, Jakubke, Kreische, Hövermann, Kunstmann, Wenske, Schön, Lehmann, Küchenmeister, Drognitz

Zuschauer: 4.000 am Wackerweg

Tore: 1:0 Lehmann (29.), 2:0 Küchenmeister (44.), 3:0 Wenske (74.), 4:0 Wenske (77.), 5:0 Drognitz (88.)

Ein Remis bei der Premiere

24. August 1963: Hertha BSC – 1. FC Nürnberg 1:1 (0:1)

Es war ein historischer Tag, dieser 24. August 1963. Zusammen mit den anderen 15 Mannschaften startete Hertha BSC ins Abenteuer der neu gegründeten Bundesliga. Gegner zum Auftakt im Olympiastadion war der 1. FC Nürnberg, einer der traditionsreichsten Vereine in Deutschland. Hertha, seit 1961 wegen des Mauerbaus mit einem Standortnachteil behaftet, hatte personell kräftig aufgerüstet, um wettbewerbsfähig zu sein. Gegen Nürnberg standen gleich vier Zugänge im Team: Otto Rehhagel, Uwe Klimaschefski, Carl-Heinz Rühl und Harald Beyer. Alle waren mit Handgeldern nach Berlin gelockt worden. Im Spiel selbst hatte Hertha Glück, weil gleich viermal Latte und Pfosten vor Gegentreffern schützten. Max Morlock, der Weltmeister von 1954, schon 38 Jahre alt, hatte den „Club" in Führung gebracht. Danach aber unterlief ausgerechnet ihm ein Handspiel. Den Elfmeter verwandelte Hans-Günter Schimmöller souverän zum 1:1. Die Zuschauer sahen ein unterhaltsames Spiel mit einigen guten Chancen auf beiden Seiten. Reporter berichteten, das Berlins Meister sich „besser aus der Affäre zog, als man erwarten konnte. Der Sturm hat Biss bekommen, wenn auch der Einsatz der Flügel noch zu wünschen übrig ließ (...). Schwächster Punkt war der Torschützenkönig der vorigen Saison, Altendorff, als Außenläufer. Er kam erst gegen Schluss des Spiels besser heraus. Von den Neulingen Herthas war Rehhagel der stärkste Mann", schrieb das „Sport-Magazin." Die 52.000 Zuschauer im Olympiastadion bildeten die größte Kulisse am ersten Spieltag der neuen Bundesliga und Herthas Verantwortliche um Schatzmeister Günter Herzog freuten sich über eine Rekordeinnahme. Es sollten weitere gewaltige Kulissen werden, die Herthas Mannschaft bei den Heimspielen unterstützten.

Hertha: Tillich, Rehhagel, Schimmöller, Schlesinger, Eder, Altendorff, Rühl, Klimaschefski, Beyer, Faeder, Steinert

Zuschauer: 52.000 im Berliner Olympiastadion

Tore: 0:1 Morlock (40.), 1:1 Schimmöller (63. Elfmeter)

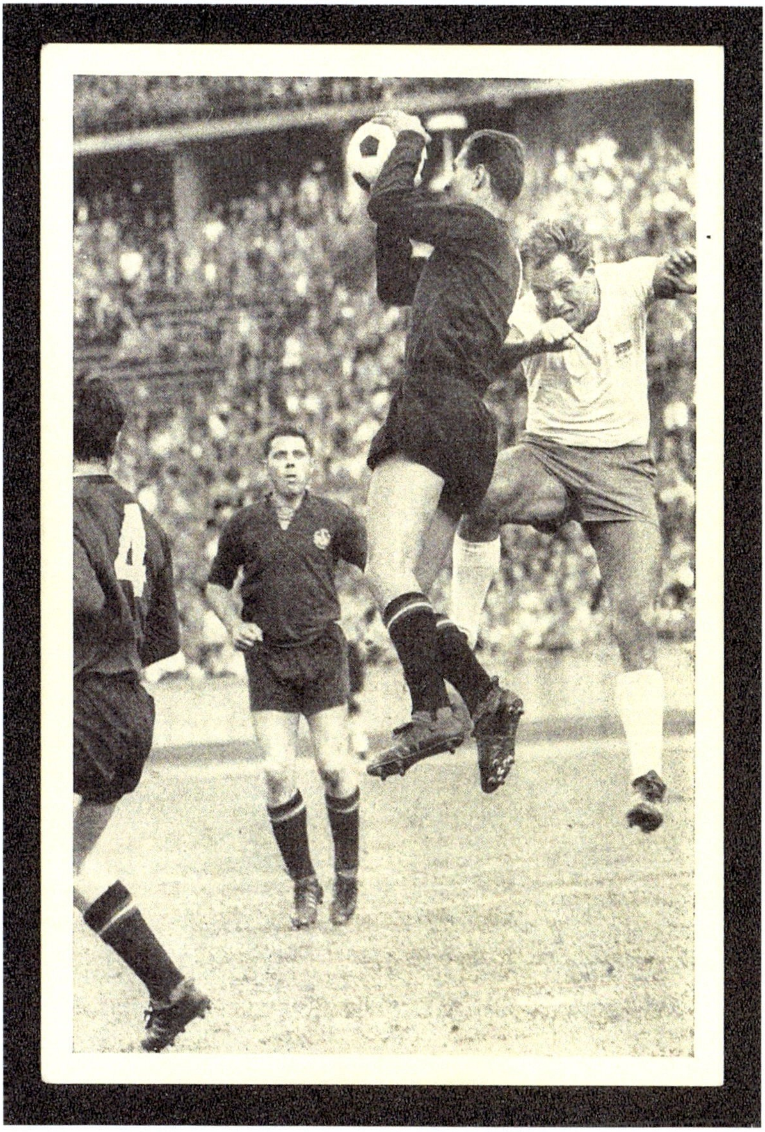

Bundesliga-Premiere in Berlin 1963: Herthas Helmut Faeder (rechts) im Duell mit Nürnbergs Torhüter Roland Wabra (im Hintergrund: Max Morlock)

(Privatarchiv Frank Schurmann)

Messepokal

Europacupdebüt gegen AS Rom

16. Oktober 1963: Hertha BSC – AS Rom 1:3 (1:1)

Das Jahr 1963 brachte für Hertha BSC nicht nur die neu gegründete Bundesliga, sondern auch die ersten Duelle in einem Europacup-Wettbewerb. Im Messepokal traf das Team auf die bekannte Mannschaft von AS Rom.

Die Römer hatten diesen Pokal zwei Jahre zuvor gewonnen. Doch die Resonanz unter den Berliner Fans war bescheiden. Hertha hatte zuvor in der Bundesliga drei Niederlagen in Serie einstecken müssen – gegen Köln, den Hamburger SV und Eintracht Braunschweig. Vielleicht war das der Grund, dass lediglich 7.322 Zuschauer ins Olympiastadion kamen.

Hertha war somit Drittletzter in der neuen Bundesliga. Doch die Berliner zeigten zu Spielbeginn eine engagierte Leistung. Ein gewisser Otto Rehhagel etwa, der angeschlagen ins Spiel ging und als beinharter Verteidiger galt, „hielt trotz großer Schmerzen tapfer durch und war oft Retter in letzter Not“, wie der „Tagesspiegel“ lobte. Doch auch Rehhagel konnte nicht verhindern, dass ausgerechnet der deutsche Nationalspieler Jürgen Schütz, erst im Sommer aus Dortmund nach Rom gekommen, nach 21 Minuten das 0:1 erzielte. Es war der aus Köln nach Berlin gewechselte Rechtsaußen Carl-Heinz Rühl, dem der Ausgleich gelang. Aber Rom ging nach einer Stunde wieder in Führung: „Unhaltbar für den offensichtlich von den Scheinwerfern des spärlichen Flutlichts geblendeten Keepers Tillich“, wie es tags darauf in den Zeitungen hieß. Die Italiener schossen auch noch das 3:1.

Trotz des Sieges drohten die Römer mit Blick auf das Rückspiel „Euch bringen wir in einer ungeheizten Jugendherberge unter!“, da sie mit der Unterkunft in Berlin nicht zufrieden waren. Hertha-Trainer Jupp Schneider wiederum erklärte: „Es reizt mich, auch gegen die Römer mit verstärkter Deckung anzutreten.“

Letztendlich verlor Hertha auch das Rückspiel im römischen Stadio Olimpico 0:2 und schied sang- und klanglos aus dem Wettbewerb aus.

Hertha: Tillich, Rehhagel, Schimmöller, Klimaschefski, Eder, Schlesinger, Rühl, Faeder, Altendorff, Steinert, Beyer

Zuschauer: 7.322 im Berliner Olympiastadion

Tore: 0:1 Schütz (21.), 1:1 Rühl (32.), 1:2 de Sisti (60.), 1:3 Leonardi (72.)

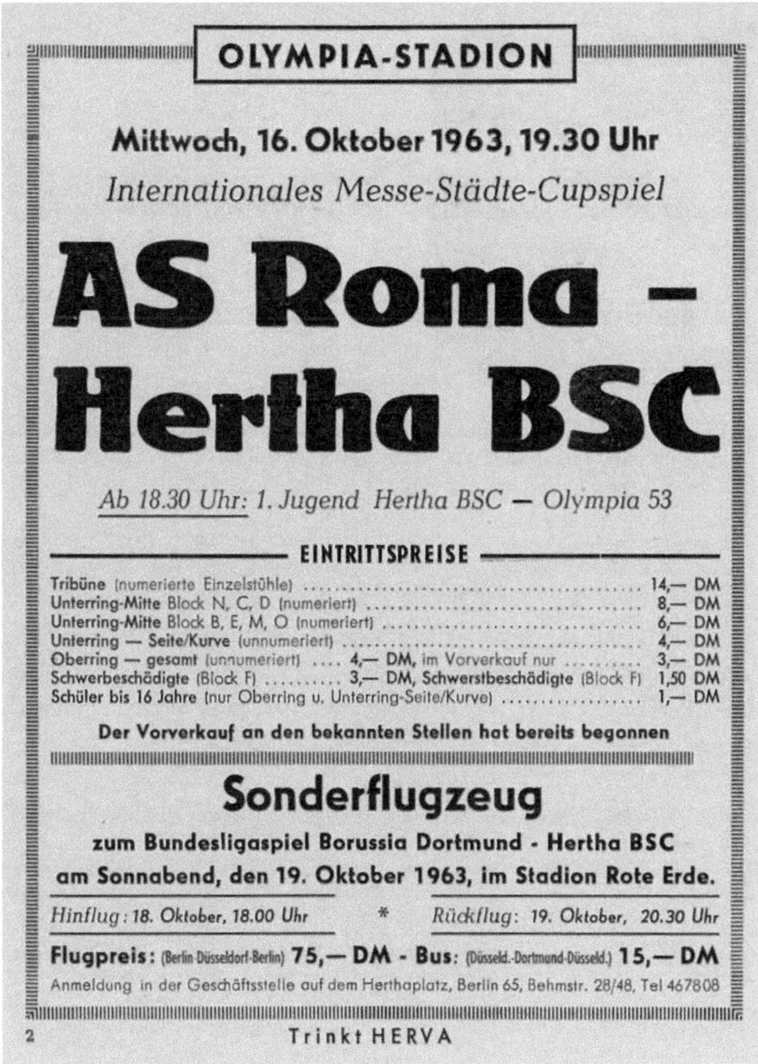

Ankündigung für Herthas Europacup-Debüt 1963 gegen AS Rom

(Privatarchiv Frank Schurmann)

80.000 Zuschauer gegen den Dorfverein Alsenborn

23. Juni 1968: Hertha BSC – SV Alsenborn 1:1 (0:0)

Nach dem Zwangsabstieg wegen Zahlung überhöhter Gehälter und Handgelder nach der Saison 1964/65 war Hertha BSC gleich zweimal in den Aufstiegsspielen zur Bundesliga gescheitert. Erst im Juni 1968 sollte im dritten Anlauf endlich die lang ersehnte Rückkehr ins Oberhaus gelingen. In der Aufstiegsrunde warteten Rot-Weiß Essen, Göttingen 05, Bayern Hof und der Dorfverein SV Alsenborn aus der Pfalz auf die Berliner von Trainer Helmut „Fiffi" Kronsbein. Herthas Fans fieberten der Bundesliga entgegen und pilgerten in Scharen ins Olympiastadion. Zum letzten Duell gegen Alsenborn kamen sage und schreibe 80.000 Fans. Das Hinspiel hatte der SV Alsenborn, den 1962 Fritz Walter trainiert hatte, als Außenseiter 2:1 gewonnen. Beide Treffer für den Sieger erzielte Stürmer Lorenz Horr. Hertha aber war schon vor dem Rückspiel für die Bundesliga qualifiziert, weil der härteste Gegner, das Team von Rot-Weiss Essen, in Göttingen mit 0:1 verloren hatte.

Beim letzten Spiel der Aufstiegsrunde war Hertha dem Sieg am Ende näher, aber Berlins Stürmer konnten sich nicht entscheidend durchsetzen. Hinzu kam, dass beide Torhüter – Herthas Volkmar Groß und Alsenborn Kreis – beinahe fehlerlos spielten. Berlins Tasso Wild beherrschte zudem Torjäger Horr. Die Zuschauer, die in Feierlaune waren, haderten mit Referee Tschenscher, weil der ein Handtor durch Krafczyk nicht anerkannt hatte. Zu Recht. Später fuhren Herthas Aufstiegshelden in 17 offenen Wagen im Triumphzug von der Heerstraße bis zum Rathaus Schöneberg. Dort empfing sie der Regierende Bürgermeister Klaus Schütz und Tausende Berliner feierten die Rückkehr in die höchste Liga. 1969 wechselte Alsenborns Horr für eine Ablöse von 336.000 Mark zu Hertha und wurde einer der besten Torjäger der Vereinsgeschichte.

Hertha: V. Groß, L. Groß, Sangulin, Witt, Wild, Enders, Kluge, Ipta, Kröner, Krafczyk, Adelmann (70. Lindner)

Zuschauer: 80.000 im Berliner Olympiastadion

Tore: 1:0 Krafczyk (51.), 1:1 Röhring (53.)

Zuschauerrekord für die Ewigkeit

26. September 1969: Hertha BSC – 1. FC Köln 1:0 (0:0)

Vor der Saison 1969/70 hatten die Berliner große Lust auf ihre Hertha. Die Erwartungen waren hoch, denn der Verein hatte drei namhafte Zugänge nach Berlin gelockt: Bernd Patzke, Lorenz Horr und Wolfgang Gayer. Am 6. Spieltag empfing Hertha den 1. FC Köln. Bereits der Vorverkauf ließ eine starke Kulisse erwarten. Doch was dann tatsächlich passierte, übertraf alle Erwartungen. Vor dem Anpfiff an jenem Freitagabend um 20 Uhr waren sämtliche Zufahrtsstraßen Richtung Olympiastadion total verstopft und eine Stunde vor Anpfiff sollen sich bereits gut 50.000 Zuschauer in der Arena befunden haben. „Es war unglaublich, überall drängten sich Menschen", staunte Stürmer Gayer schon beim Warmlaufen. Als Referee Alfons Betz das Duell anpfiff war kein freier Platz mehr zu erkennen. Journalisten schätzen auf 90.000 Zuschauer und sogar noch mehr. Später wurde die offizielle Zuschauerzahl mit 88.075 angegeben. Das ist bis zum heutigen Tag Besucherrekord in der Bundesliga. Augenzeugen berichteten von chaotischen Zuständen beim Einlass. An den Kassen soll das Faustrecht regiert haben. Herthas offensiver Mittelfeldmann Hans-Joachim Altendorff sagte später in seinen Erinnerungen treffend: „Janz Berlin war da!"

Das Spiel selbst wogte lange hin und her, verlief ausgeglichen. Die Kölner stürmten, aber Herthas Abwehr um Libero Uwe Witt hielt stand. Das umjubelte Tor des Abends erzielte der Hertha-Zugang Wolfgang Gayer, der zuvor bei Borussia Neunkirchen und beim Wiener SC als zuverlässiger Torschütze aufgefallen war. Nach einem Eckball durch Arno Steffenhagen war Gayer mit dem Kopf zu Stelle. Der sagte später bescheiden: „Ich hatte schon immer einen guten Torriecher!" Die fast 90.000 Zuschauer aber zogen euphorisch nach Hause und verursachten noch einmal ein Verkehrschaos.

Hertha: Fraydl, L. Groß, Wild, Witt, Patzke, Enders, Altendorff (80. Bredenfeld), Gayer, Ipta, Horr (34. Brungs), Steffenhagen

Zuschauer: 88.075 im Berliner Olympiastadion (Bundesliga-Rekord)

Tor: 1:0 Gayer (63.)

Alle Neune gegen Dortmund

18. April 1970: Hertha BSC – Borussia Dortmund 9:1 (6:0)

Am 32. Spieltag der Saison 1969/70 lag Hertha in der Tabelle auf Platz 4, der Gegner Borussia Dortmund auf Platz 5. Hertha strebte mit aller Macht Rang drei an, was am Ende auch gelang. Nur Borussia Mönchengladbach und Bayern München waren stärker. Gegen Dortmund kamen knapp 22.000 Zuschauer ins Olympiastadion. Das Wetter war regnerisch und das Thermometer zeigte lediglich 12 Grad an. Doch dieses Spiel hätte eine viel größere Kulisse verdient gehabt. Die Dortmunder mussten auf einige Stammkräfte verzichten, die nach einer Impfung nicht einsatzfähig waren. Die Borussia wollte nach Saisonende nach Mexiko reisen und die Spieler mussten sich deshalb gegen Pocken impfen lassen. Hertha trumpfte groß auf, führte schon nach drei Minuten mit 2:0 und nach der ersten Halbzeit gar mit 6:0. Dortmunds Keeper Klaus Günther beschrieb später einmal seine Gefühle so: „Oft schien es mir, als tanzten 50 Blau-Weiße in meinem Strafraum einen höllischen Reigen!"

Es war der überragende Wolfgang Gayer, der vier Tore erzielte, und auch Lorenz Horr traf zweimal. Beide Herthaner bekamen im Magazin „Kicker" für ihren Auftritt die Bestnote 1. Gayer verriet, wie Trainer Helmut „Fiffi" Kronsbein die Mannschaft motivierte: „Er hatte uns in der Halbzeit zwei gute Flaschen Rotwein versprochen, wenn wir noch weitere Tore schießen." Es wurden immerhin noch drei Treffer, obwohl die Partie ja bereits nach 45 Minuten absolut entschieden war. Das 9:1 ist bis heute der höchste Sieg einer Hertha-Mannschaft in der Bundesliga geblieben.

Hertha: V. Groß, Patzke, Witt, Wild, Ferschl, Altendorff (46. Bredenfeld), Gayer, Steffenhagen, Brungs (64. Laube), Horr, Weber

Zuschauer: 22.909 im Berliner Olympiastadion

Tore: 1:0 Horr (1.), 2:0 Gayer (3.), 3:0 Horr (21.), 4:0 Gayer (26.), 5:0 Brungs (37.), 6:0 Gayer (45.), 7:0 Gayer (49.), 8:0 Wild (65.), 8:1 Boduszek (80.), 9:1 Bredenfeld (88.)

Das unsägliche Skandalspiel

5. Juni 1971: Hertha BSC – Arminia Bielefeld 0:1 (0:0)

Hertha war bis zum letzten Spieltag in der Saison 1970/71 zu Hause ungeschlagen geblieben, stand auf Platz drei, der bereits feststand. Nur Borussia Mönchengladbach, der künftige Meister, und Bayern München lagen vor den starken Berlinern. Doch dann nahm das Unheil seinen Lauf. Vor dem Duell gegen das stark abstiegsgefährdete Bielefeld hatten die Herthaner Bernd Patzke und Tasso Wild heimlich über Bestechungsgelder verhandelt. Die Offenbacher Kickers, ebenfalls kurz vor dem Abstieg, hatten 140.000 Mark geboten, wenn Hertha gegen Bielefeld gewinnt. Die Arminia wiederum wollte 250.000 Mark zahlen, wenn die Berliner das letzte Spiel verlieren. Diese Bestechungsversuche waren nur ein Teil eines viel größeren Skandals, in dem viele Vereine verwickelt waren.

Die 35.000 Zuschauer im Olympiastadion pfiffen ihre Mannschaft aus, die eine schwache Vorstellung ablieferte. „Schiebung!" riefen die Fans in der Halbzeitpause. Nach 70 Minuten traf Gerd Roggensack zum 1:0-Sieg für die Arminia. Die Gegenwehr der Hertha-Profis war gering. Hertha-Trainer Helmut Kronsbein schimpfte auf der Pressekonferenz: „Das war eine Zumutung, was meine Leute gezeigt haben." Einen Tag später brachte Horst-Gregorio Canellas, der Präsident der Offenbacher Kickers, den Skandal an die Öffentlichkeit. Er hatte auf seinem Tonband brisante Telefonate mitgeschnitten. Nach dem Spiel gegen Bielefeld hatten sich die Hertha-Profis im „Waldhaus" in der Heerstraße getroffen. 250.000 Mark Bestechungsgelder lagen auf dem Tisch. Kapitän Uwe Witt, der von der Manipulation nichts gewusst hatte, ließ abstimmen, ob man das Geld annehmen sollte oder nicht. 7:5 ging die Abstimmung pro Annahme aus. Jeder Spieler bekam 15.000 Mark. Später wurden 15 Hertha-Profis für einige Jahre gesperrt und Hertha haftete das Skandalimage lange Zeit an.

Hertha: V. Groß, Patzke, Witt, Wild, Enders, Gergely (71. Ferschl), Gayer, Sperlich, Varga, Weber (46. Brungs), Steffenhagen

Zuschauer: 34.465 im Berliner Olympiastadion

Tor: 0:1 Roggensack (70.)

Der Beginn einer heftigen Abneigung

15. Dezember 1971: Hertha BSC – Schalke 04 3:0 (1:0)

Im Dezember 1971 traf Hertha in der 1. Hauptrunde des DFB-Pokals auf Schalke 04. Das Hinspiel in Gelsenkirchen hatte Schalke mit 3:1 (1:0) gewonnen. Zum Rückspiel kam Schalke als Herbstmeister der Bundesliga nach Berlin und blamierte sich bei der 0:3-Niederlage heftig. Libuda, Kremers und Fischer waren Totalausfälle. Ganz anders Hertha BSC. Die Mannschaft spielte wie aus einem Guss. Sie kämpfte und war meist drückend überlegen. Alle wollten das Pokal-Aus noch abwenden, was auch zu gelingen schien. Herthas Torhüter Volkmar Groß wurde erst in der 84. Minute einmal durch Stan Libuda geprüft! Bei Hertha waren Erich Beer, Michael Sziedat und Erwin Hermandung die überragenden Akteure. Am Ende konnte Schalke zufrieden sein, nicht noch höher verloren zu haben. Doch das dicke Ende kam für Hertha später.

Der Ungar Zoltan Varga, der wie viele andere Profis auch in den Bundesliga-Skandal verwickelt war, wurde zum Politikum. Der Edeltechniker war vom DFB mit einer sogenannten Vorsperre belegt worden, obwohl es noch keinen Prozess gegeben hatte. Eine juristisch umstrittene Entscheidung. Hertha BSC hatte beim Landgericht Berlin per Einstweiliger Verfügung eine Spielerlaubnis für Varga erwirkt und ihn im Rückspiel gegen Schalke eingesetzt. Der Verlierer aus dem Ruhrpott legte Protest ein und hatte damit Erfolg. Das DFB-Sportgericht wertete das Spiel „wegen des Einsatzes des nicht spielberechtigten Zoltan Varga" mit 2:0 für Schalke. Hertha war aus dem Pokal geflogen. Spätestens seit diesem Ereignis besteht seitens der Berliner eine heftige Abneigung gegenüber Schalke 04, die von Fan-Generation zu Fan-Generation übertragen wurde. Hertha-Anhänger nehmen bis heute den Namen „Schalke" nicht in den Mund. Sie sprechen eher verächtlich von „Gelsenkirchen".

Hertha: V. Groß, Sziedat, Witt, Hermandung, Ferschl, Beer, Gayer, Varga, Horr, Gutzeit, Steffenhagen

Zuschauer: 8.000 im Berliner Olympiastadion

Tore: 1:0 Steffenhagen (30.), 2:0 Beer (78.), 3:0 Beer (86.) – Wertung: 0:2

Klarer Sieg im ersten Stadtduell

16. November 1974: Tennis Borussia – Hertha BSC 0:3 (0:0)

Beim ersten Stadtderby in der Bundesliga zwischen Aufsteiger Tennis Borussia und Hertha BSC besaß TeBe Heimrecht und zog ins große Olympiastadion. 75.000 Zuschauer brachten dem Liga-Neuling eine stattliche Einnahme von rund 600.000 Mark ein. Sportlich aber war man der Hertha deutlich unterlegen. Die Mannschaft von Trainer Georg Kessler, der Mitte Juli den Chefposten übernommen hatte, nachdem Dettmar Cramer als „Trainer für einen Tag" in die Vereins-Historie eingegangen war, zeigte eine taktische Meisterleistung. Nur TeBe-Torhüter Birkenmeier verhinderte noch mehr Gegentreffer für die „Veilchen". Besonders stark spielten beim Sieger Uwe Kliemann und Wolfgang Sidka auf. Sie schalteten ihre unmittelbaren Gegenspieler Geyer und Stolzenburg völlig aus und fanden dazu immer wieder Gelegenheit, sich sogar in die Offensive einzuschalten. Im Angriff gefiel Lorenz Horr durch ein enormes Laufpensum und Erich Beer traf mit straffen Schüssen gleich zweimal. Die Kräfteverhältnisse in der Stadt waren somit deutlich geworden. Auf der einen Seite eine bärenstarke Hertha, auf der anderen Seite ein Aufsteiger, der um den Klassenerhalt spielte.

TeBe-Trainer Georg Gawliczek sagte später fair: „Ich habe keinen Grund, mit meiner Mannschaft unzufrieden zu sein. Wir haben gegen einen Gegner verloren, der klar besser war, der sogar die drei Tore besser war." Dennoch, hieß es nach dem Duell, müsse sich Hertha vor allem im Angriff weiter verstärken. Denn die meisten Treffer erzielten bislang die Mittelfeldleute, allen voran Nationalspieler Erich Beer. Auch das Rückspiel gewann Hertha mit 2:1.

Hertha: Zander, Sziedat, L. Müller, Kliemann, Weiner, Sidka, Hermandung, Beer, Grau (81. Magnusson), Horr, K. Müller (74. Brück)

Zuschauer: 75.000 im Berliner Olympiastadion

Tore: 0:1 Grau (53.), 0:2 Beer (67.), 0:3 Beer (75.)

Den Bayern die Grenzen aufgezeigt

1. Februar 1975: Hertha BSC – Bayern München 4:1 (1:1)

War es der Nebel im Olympiastadion, der den Profis des FC Bayern zu schaffen machte und wenig Durchblick verschaffte oder war es der starke Gastgeber Hertha BSC? Beides muss die Antwort lauten beim bis heute höchsten Sieg der Berliner in der Bundesliga gegen die Bayern. Die waren mit vier ihrer fünf Weltmeister von 1974 angereist – mit Sepp Maier im Tor, Franz Beckenbauer und „Katsche" Schwarzenbeck in der Abwehr und Gerd Müller im Sturmzentrum. Nur Uli Hoeneß fehlte. Hertha erwies sich in der Saison 1974/75 als unglaublich heimstark, war bis zum Duell gegen die Bayern am 19. Spieltag zu Hause ungeschlagen – und das blieb sogar bis zum Saisonende so!

Das Stadion war beinahe bis auf den letzten Platz gefüllt. Und Herthas riesengroßer Anhang konnte früh jubeln. Nach einer Flanke von Erich Beer und anschließendem Kopfball durch Erwin Hermandung, dem „Mann mit der Pferdelunge", unterlief Franz Beckenbauer sein zweites Selbsttor binnen acht Tagen. Doch Karl-Heinz Rummenigge schaffte schnell den Ausgleich. Kurz nach der Pause aber schaffte Beer das 2:1, umkurvte dabei sogar Keeper Maier und Wolfgang Sidka legte nach zum vorentscheidenden 3:1. Beer sagte später, er hatte Angst, dass das Spiel wegen des Nebels abgebrochen würde. Doch das passierte nicht. Beer war es auch, der mit einem fulminanten Schuss das 4:1 erzielte. Hätte nicht Abwehr-As Uwe Kliemann in der 88. Minute einen Foulelfmeter verschossen, wäre die Niederlage der Bayern noch drastischer ausgefallen. Kurios: Trainer des FC Bayern war Dettmar Cramer, der zu Saisonbeginn bei Hertha im Juli 1974 nach nur einem Tag im Amt seinen Vertrag aufgelöst hatte.

Hertha: Zander, Sziedat, L. Müller (46. Brück), Kliemann, Weiner, Sidka, Hermandung, Beer, Grau, Horr, K. Müller

Zuschauer: 81.732 im Berliner Olympiastadion

Tore: 1:0 Beckenbauer (9./Eigentor), 1:1 Rummenigge (12.), 2:1 Beer (47.), 3:1 Sidka (61.), 4:1 Beer (85.)

Besonderes: Maier hält Foulelfmeter von Kliemann (88.)

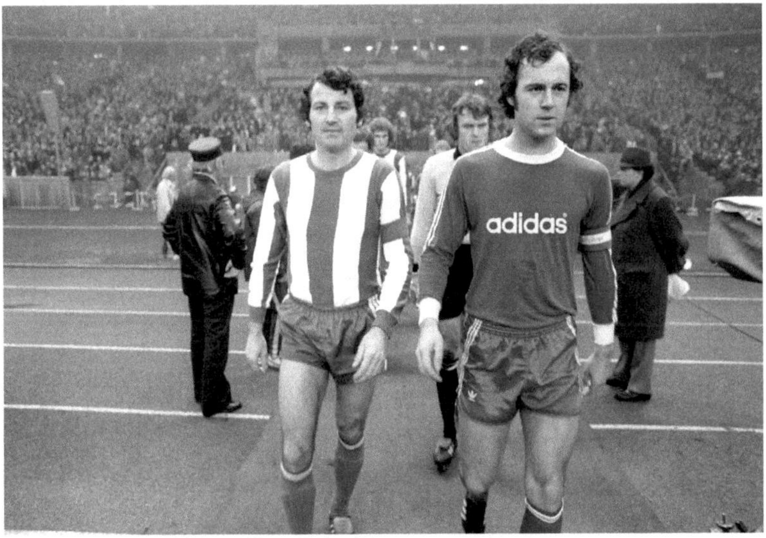

Vor dem 4:1-Sieg gegen Bayern München führen die Kapitäne Ludwig „Luggi" Müller (links) und Franz Beckenbauer die Mannschaften ins Olympiastadion (imago/WEREK)

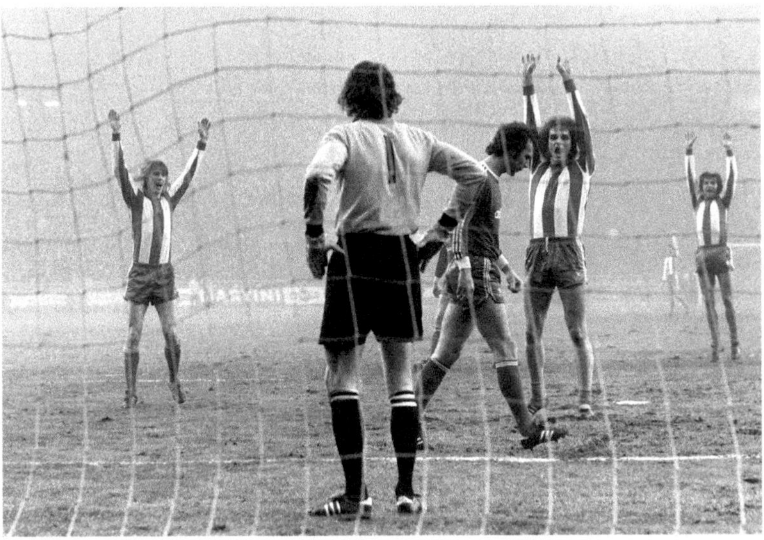

Nach Beckernbauers Eigentor zum 1:0 jubeln Wolfgang Sidka (links) und Uwe Kliemann (Mitte) (imago/Sven Simon)

Triumph im rappelvollen Olympiastadion

19. April 1975: Hertha BSC – Borussia Mönchengladbach 2:1 (1:1)

„Der 2:1-Sieg der Hertha gegen Mönchengladbach aus dem Frühjahr 1975 war das Spiel meines Lebens", sagte später Kurt Müller, einst Schweizer Nationalspieler. Von 1972 bis 1975 verstärkte er die Blau-Weißen und schaffte in 77 Bundesligaspielen 20 Tore. Zwei ganz wichtige davon im Duell gegen Borussia Mönchengladbach. Das Match war am 28. Spieltag der Saison 1974/75 das absolute Spitzenspiel der Liga. Die Borussia von Trainer-Legende Hennes Weisweiler führte die Tabelle an, gefolgt von der bärenstarken Hertha, die im Olympiastadion bis dato ungeschlagen geblieben war. Das Interesse war riesengroß. Offiziell wurden später 81.455 Zuschauer angegeben, aber nach vielen Augenzeugenberichten sollen es 90.000 Fans gewesen sein, die sich im weiten Rund drängten.

Die Borussia ging in einem furiosen Duell durch Uli Stielike mit 1:0 in Führung, doch schon acht Minuten später schaffte Kurt Müller das umjubelte 1:1. Müller, der sich in Hochform befand, bekam den Weltmeister Berti Vogts als Gegenspieler zugeordnet. „Der hatte damals keine Chance gegen mich", erzählte Müller stolz, der nach 75 Minuten das entscheidende 2:1 erzielte. Das Stadion stand Kopf. Hertha konnte nach dem Erfolg den Abstand auf Mönchengladbach auf zwei Zähler verringern, verspielte aber die Chance auf den Meistertitel später durch eine 0:3-Niederlage am 31. Spieltag in Kaiserslautern. Die Borussia sicherte sich schon am 32. Spieltag den Titel und Hertha wurde Vizemeister. Trainer Georg Kessler hatte sich für die Plätze eins bis drei eine Prämie in den Vertrag schreiben lassen und lud die Spieler mit ihren Frauen nach der Saison ins „Hotel Berlin" zu einer großen Feier ein. Eine tolle Geste.

Hertha: Zander, Sziedat, L. Müller, Kliemann, Weiner, Hermandung, Sidka, Beer, Grau, Horr, K. Müller

Zuschauer: 81.455 im Berliner Olympiastadion (vermutlich waren es 90.000)

Tore: 0:1 Stielike (23.), 1:1 Kurt Müller (31.), 2:1 Kurt Müller (75.)

Der vierfache Beer

4. Oktober 1975: Hannover 96 – Hertha BSC 2:6 (1:3)

Was war das für eine Zeit für Herthas Erich Beer! Von August bis Oktober 1975 hatte der überragende Mittelfeldspieler einen unglaublichen Lauf. Es begann am 2. August beim DFB-Pokalspiel gegen den unterklassigen FV 09 Weinheim. Hertha siegte standesgemäß mit 7:1 (3:1) und Beer hatte vier Tore geschossen. Am 30. August empfing die Hertha im Olympiastadion in der Bundesliga das Team von Bayer Uerdingen. 22.000 Zuschauer sahen, wie Hertha die Gäste aus dem Stadion fegte. 5:0 (3:0) hieß es am Ende und Erich Beer hatte erneut vier Treffer erzielt, darunter waren zwei Elfmeter. Doch damit nicht genug. Am 4. Oktober musste Hertha zu Hannover 96 reisen. Das Team von Trainer Georg Keßler lag nur auf Platz 8, hatte vier Siege, vier Niederlagen und ein Remis auf dem Konto. Bei Hannover war der ehemalige Cheftrainer der Berliner, Helmut „Fiffi" Kronsbein, als Coach im Amt.

Hertha startete furios und lag nach 18 Minuten bereits mit 3:0 in Front. Einmal Erwin Kostedde und zweimal Erich Beer hatten im Niedersachsenstadion getroffen. Danach ließ es Hertha etwas ruhiger angehen und prompt kamen die Gastgeber zu zwei Toren und bis auf 2:3 heran. Es war dann natürlich Erich Beer, der das 4:2 und damit die Vorentscheidung erzielt hatte. Kostedde und erneut Beer in der Schlussminute erhöhten auf 6:2.

Erich Beer, der es binnen wenigen Wochen geschafft hatte, in drei Spielen jeweils vier Tore zu schießen, sagte später über dieses seltene Kunststück: „Ich hatte im Mai 1975 meine erste Berufung in die Nationalmannschaft erhalten. Das hat mich über viele Monate beflügelt."

Hertha: Wolter, Sziedat, Kliemann, Brück, Weiner, Waalbeck, Sidka, Beer, Grau, Kostedde, Horr (80. Hermandung)

Zuschauer: 35.500 Niedersachsenstadion Hannover

Tore: 0:1 Beer (9.), 0:2 Kostedde (14.), 0:3 Beer (16. Elfmeter), 1:3 Anders (42.), 2:3 Stegmayer (58.), 2:4 Beer (68.), 2:5 Kostedde (80.), 2:6 Beer (90.)

Szymaneks berühmte sieben Minuten

11. Juni 1976: Bayern München – Hertha BSC 7:4 (6:0)

Am letzten Spieltag der Saison 1975/76 war die Meisterschaft schon entschieden. Der Champion hieß Borussia Mönchengladbach, der FC Bayern landete auf Platz 3 und Hertha im unteren Mittelfeld (11. Rang). Das Duell der Hertha beim FC Bayern besaß also keinen großen Einfluss mehr, aber es entwickelte sich eine unglaublich torreiche Begegnung. Bis heute ist das 7:4 das Spiel mit den meisten Treffern in der Liga-Geschichte der Hertha geblieben. Für einen Hertha-Profi, den damals erst 22-Jährigen Stürmer Detlev Szymanek, wurde es aber das Spiel seines Lebens, das ihm einen Platz in der Liga-Historie sicherte. Er traf dreimal gegen den Nationaltorhüter und Weltmeister Sepp Maier – und das binnen sieben Minuten.

Diese große Tat aber ging in der Öffentlichkeit aus zwei Gründen zuerst etwas unter: Seine Treffer dienten lediglich der Resultatsverbesserung und verhinderten so eine größere Blamage der Berliner und in Weltmeister Gerd Müller von den Bayern war ein Spieler sogar mit fünf Toren am Sieg beteiligt. „Als es zur Pause 0:6 hieß, herrschte bei uns blankes Entsetzen. Wir haben uns dann geschworen alles zu tun, um eine ganz große Klatsche zu verhindern" sagte Szymanek später, „in den ersten 45 Minuten waren wir konfus."

Herthas Dreifach-Schütze war in der 82., 87. und 89. Minute erfolgreich. Sepp Maier soll sehr sauer gewesen sein und Szymanek schwebte auf Wolke sieben. Das Resultat konnte er wenigstens ein wenig erträglicher gestalten. Nicht mehr und nicht weniger.

Hertha: Wolter, Hanisch (28. Rasmussen), Hermandung, Brück, Sziedat, Weiner, Beer, Diefenbach, Sidka, Szymanek, Grau

Zuschauer: 21.000 im Münchner Olympiastadion

Tore: 1:0 Müller (3.), 2:0 Müller (18.), 3:0 Müller (23. Elfmeter), 4:0 Müller (31.), 5:0 Künkel (37.), 6:0 Rummenigge (40.), 6:1 Weiner (72.), 6:2 Szymanek (82.), 7:2 Müller (84.), 7:3 Szymanek (87.), 7:4 Szymanek (89.)

Lila Veilchen für die Hertha

16. April 1977: Tennis Borussia – Hertha BSC 2:0 (0:0)

Am 30. Spieltag der Saison 1976/77 kam es zum insgesamt vierten und bis heute letzten Stadtderby in der Ersten Bundesliga zwischen den beiden alten Rivalen Tennis Borussia und Hertha BSC. Das Hinspiel hatte Hertha mit 2:0 gewonnen und 74.000 Zuschauer waren dabei gewesen. Im April 1977 aber war das Interesse an diesem Duell ein wenig gesunken, was viele Ursachen hatte. Hertha befand sich im gesicherten Mittelfeld, der Abschied von Erfolgstrainer Georg Kessler nach Saisonende war fix und Tennis Borussia stand vor dem Abstieg. Die Erwartungen an diese Partie waren nicht sehr hoch. So pilgerten nur 42.000 Zuschauer ins Olympiastadion – immer noch eine große Kulisse.

Das Spiel wurde durchaus engagiert und auch hart geführt. Referee Max Klauser musste kurz vor dem Anpfiff passen, wurde durch Werner Burgers ersetzt, der eine wichtige Rolle spielen sollte. Burgers zückte zweimal die Rote Karte. Hans-Jürgen Baake von TeBe und Herthas Uwe Kliemann mussten vorzeitig in die Kabine. Abwehr-As Kliemann hatte früh eine Gelbe Karte bekommen, foulte später, meckerte, riss TeBe-Angreifer Benny Wendt zu Boden und musste nach 41 Minuten gehen. Mit Tränen in den Augen verließ er den Rasen.

Um seinen Platzverweis gab es später einige Diskussionen. Der verletzte Erich Beer urteilte: „Das war nie ein Platzverweis". Und auch Wendt sah später kein schweres Foul an ihm. Aber der Schiedsrichter hatte ein „vorsätzliches Foul" gesehen und verteidigte seine Entscheidung. TeBe aber gewann das letzte Derby – es war der erste Erfolg in der Bundesliga gegen den großen Rivalen. Jürgen Schulz und Winfried Stradt hießen die beiden Torschützen beim insgesamt verdienten 2:0-Erfolg.

Hertha: Nigbur, Sziedat (86. Rasmussen), Brück, Kliemann, Weiner, Hermandung, Sidka, Gersdorff, Grau, Granitza, Horr

Zuschauer: 42.000 im Berliner Olympiastadion

Tore: 1:0 Schulz (66.), 2:0 Stradt (83.)

Rote Karten: Baake (TeBe) und Kliemann (Hertha)

120 Minuten ohne Sieger

28. Mai 1977: Hertha BSC – 1. FC Köln 1:1 (1:1, 0:1) n.V.

Die Saison 1976/77 hatte Hertha auf Platz 10 beendet – eine durchwachsene Spielzeit. Mittelstürmer Karl-Heinz Granitza war mit immerhin 15 Toren Berlins bester Schütze – eine stattliche Quote. Der Kölner Dieter Müller hatte allerdings die Torjäger-Kanone mit unglaublichen 34 Treffern gewonnen. Mit diesem Müller musste sich Hertha auch in den beiden DFB-Pokalfinals auseinandersetzen, die nach der Liga folgten. Hertha hatte auf dem Weg ins Endspiel, in dem die Berliner zum ersten Mal standen, unter anderem den MSV Duisburg (2:1), Bayern München (4:2 n. V.) und Bayer Leverkusen (1:0) aus dem Wettbewerb geworfen. Nun traf man auf den 1. FC Köln. Bis dato hatte es 33 Endspiele gegeben, aber nie war der Fall eingetreten, dass ein Finale wiederholt werden musste. Bis zum 28. Mai 1977, als sich Hertha und Köln 1:1 nach Verlängerung trennten.

Elfmeterschießen gab es noch nicht, auch der unsägliche Münzwurf war verpönt. Also musste das Endspiel wiederholt werden. Nur ein zweites Bankett gab es nicht, weshalb die Spieler am Abend der ersten Partie und langen 120 Minuten auf dem Rasen des Niedersachsenstadions zu Hannover bei 30 Grad Hitze wenig Lust auf ein gemeinsames Essen verspürten. Die Hertha-Profis kamen nicht, die Kölner erschienen im Trainingsanzug.

Beim umkämpften 1:1 hatte Dieter Müller für Köln getroffen und Lorenz Horr für Hertha. In der Verlängerung foulte der Kölner Gerd Strack Berlins Torjäger Karl-Heinz Granitza. Doch der Pfiff des Referees blieb aus. Granitza: „Das war ein Elfmeter!" Alle Proteste halfen nicht. Man musste in die Wiederholung.

Hertha: Nigbur, Sziedat, Kliemann, Brück, Weiner, Hermandung (69. Gersdorff), Sidka, Beer, Grau (112. Förster), Granitza, Horr.

Zuschauer: 58.000 im Niedersachsenstadion Hannover

Tore: 0:1 Dieter Müller (44.), 1:1 Horr (64.)

Das erste und letzte Wiederholungsspiel

30. Mai 1977: Hertha BSC – 1. FC Köln 0:1 (0:0)

Zwei Tage nach dem ersten Finale im DFB-Pokal zwischen Hertha und dem 1. FC Köln (1:1 nach Verlängerung) folgte erneut im Niedersachsenstadion von Hannover das Wiederholungsspiel. Herthas Abwehrchef Uwe Kliemann hatte sich im ersten Endspiel einen Muskelfaserriss im Oberschenkel zugezogen. Der „Funkturm", so sein Spitzname, lief aber nach Rücksprache mit dem Teamarzt im zweiten Spiel auf. Statt 58.000 Zuschauern waren nur noch 35.000 ins Stadion gekommen. Nicht alle Fans konnten sich ein zweites Spiel finanziell leisten. Im Blickpunkt auf Berliner Seite stand Torhüter Norbert Nigbur, der in Transferverhandlungen ausgerechnet mit Final-Gegner Köln stand. Hertha-Trainer Georg Kessler wollte ihn nicht aufstellen, aber Nigburs Konkurrent im Verein, Horst Wolter, setzte sich für ihn ein. Nigbur hielt tadellos, hatte aber beim Treffer von Dieter Müller keine Chance. Der erzielte im Wiederholungsspiel das entscheidende Tor zum 1:0-Erfolg der Kölner per Flugkopfball. Allerdings haderten die Hertha-Spieler, allen voran Erich Beer, mit Schiedsrichter Klaus Ohmsen. Der hatte einen Treffer von Beer wegen Foulspiels nicht anerkannt. Das passierte neun Minuten vor Müllers Siegtreffer. Beer schimpfte: „Wenn wir mit 1:0 in Führung gegangen wären, hätten wir das Spiel vielleicht gewonnen." Ohmsen aber pfiff ein angebliches Foul von Beer am Kölner Heinz Simmet. Beer: „Der Schiri hat erst gepfiffen, als der Ball schon im Tor war. Das war aus meiner Sicht ein einwandfreier Treffer."

Das 0:1 durch Dieter Müller aber konnten die Herthaner in den letzten zwanzig Minuten nicht mehr aufholen oder ausgleichen. Der Deutsche Fußball-Bund (DFB) beschloss nach den Erfahrungen von Hannover, dass Elfmeterschießen künftig bei Pokal-Endspielen erlaubt sind. So war das erste Wiederholungsspiel auch das letzte.

Hertha: Nigbur, Sziedat, Kliemann, Brück, Weiner, Hermandung (80. Kristensen), Sidka (70. Gersdorff), Beer, Grau, Granitza, Horr

Zuschauer: 35.000 im Niedersachsenstadion Hannover

Tor: 0:1 Dieter Müller (70.)

Der letzte Sieg bei Bayern München

29. Oktober 1977: Bayern München – Hertha BSC 0:2 (0:1)

Die Zahl 13 brachte der Hertha Glück. Im 13. Punktspiel der Saison 1977/78 gab es im Münchner Olympiastadion einen 2:0-Sieg, mit dem niemand in Berlin gerechnet hatte. Es war erst der zweite Sieg von Hertha bei den Münchner Bayern und bis heute auch der letzte Erfolg. Nur im Oktober 1969 hatte Hertha mit 2:1 bei den Bayern gewonnen nach Toren von Gerd Müller für die Münchner und Treffern von Weber und Steffenhagen für Hertha. Nun also Sieg Nummer zwei in der Fremde. Den entscheidenden Treffer zum 0:2 erzielte Bernd Gersdorff, der erst zwanzig Minuten zuvor für den Schützen des 0:1, Gerhard Grau, eingewechselt worden war. „Ich hatte zwei Konterchancen exakt aus der gleichen Position", so Gersdorff, „beim ersten Mal hat Sepp Maier meinen Schuss gehalten, beim zweiten Mal habe ich den Ball über ihn gelupft. Er hatte keine Chance."

Hertha spielte taktisch klug. Michael Sziedat legte Karl-Heinz Rummenigge an die Kette, Uwe Kliemann ließ Torjäger Gerd Müller keinen Stich und Hanne Weiner beherrschte seinen Gegenspieler Uli Hoeneß perfekt. Herthas Abwehrspieler befanden sich in Hochform. Auch Torhüter Norbert Nigbur und der unermüdliche und zuverlässige Holger Brück besaßen großem Anteil am Erfolg. Auch das Rückspiel in der Saison 1977/78 gewann Hertha mit 3:1. Zwei Siege gegen München innerhalb einer Spielzeit gab es nie wieder.

Bernd Gersdorff, der Schütze des 2:0 von 1977, besitzt seitdem Kultstatus bei Hertha. Alle Versuche nachfolgender Hertha-Teams, endlich wieder einmal beim großen FC Bayern in München zu gewinnen, schlugen fehl.

Hertha: Nigbur, Sziedat,Kliemann, Brück, Weiner, Nüssing, Sidka, Beer, Kristensen, Granitza, Grau (69. Gersdorff)

Zuschauer: 19.000 im Münchner Olympiastadion

Tore: 0:1 Grau (30.), 0:2 Gersdorff (89.)

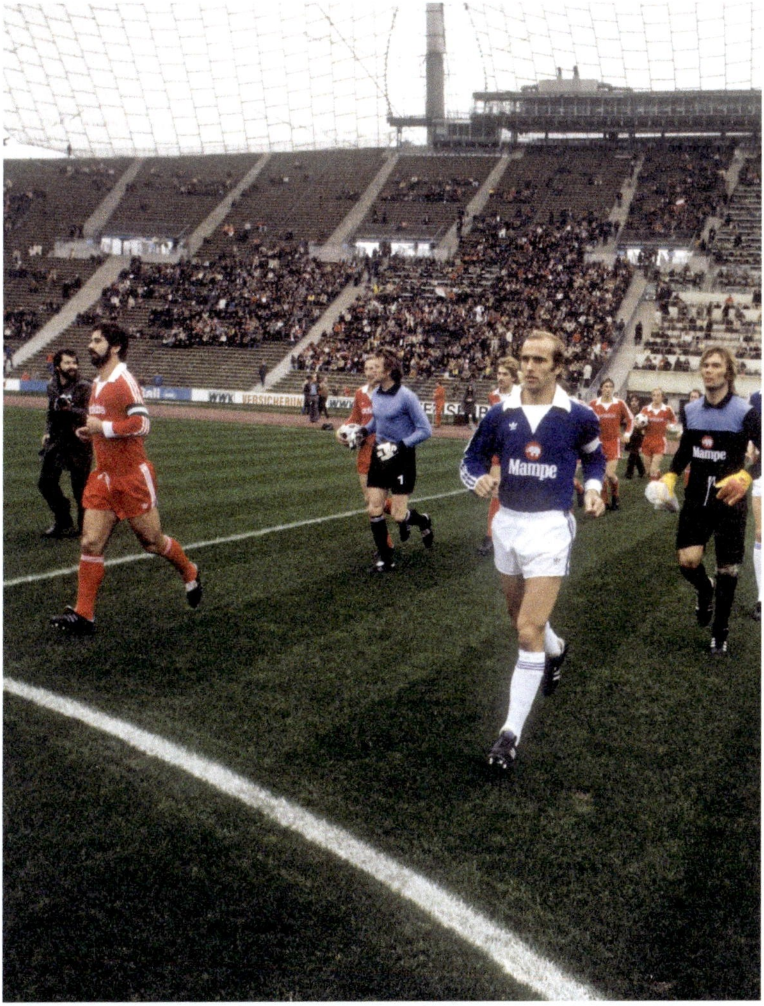

Erich Beer (rechts) und Gerd Müller (links) führen als Kapitäne ihre Teams ins Münchner Olympiastadion, dahinter die Torhüter Norbert Nigbur und Sepp Maier

(imago/WEREK)

Kantersieg in der Fremde

28. Januar 1978: Eintracht Frankfurt – Hertha BSC 0:5 (0:1)

Hertha reiste als Tabellendritter nach Frankfurt. Nach durchwachsenem Start in die Spielzeit 1977/78 hatte die Mannschaft unter Trainer Kuno Klötzer ab dem 11. Spieltag eine starke Serie gestartet und war nun auch auswärts wieder gefährlicher als zu Saisonbeginn. Das Team war damals vor allem für seine Heimstärke gefürchtet, in der Fremde aber nicht so erfolgreich. Bis zum Duell in Frankfurt am 23. Spieltag hatte es sogar fünf Niederlagen bei den Auswärtsspielen gegeben. Das Spiel bei der Eintracht, wo der später erfolgreiche Trainer Dragoslav Stepanovic im Mittelfeld agierte, brachte die Wende und einen der höchsten Auswärtssiege in der Liga-Geschichte der Hertha.

Die Berliner spielten bei strömendem Regen aus einer stabilen Defensive heraus, aber die Abwehrspieler Holger Brück und Hanne Weiner fanden dennoch Gelegenheit, sich immer wieder in die Offensive einzuschalten. Beide kamen sogar zu Treffern. Weiner schaffte das 0:1 und Kristensen erhöhte nach einer schönen Einzelleistung kurz nach der Pause auf 0:2. Der starke Bernd Gersdorff traf danach gleich zweimal und entschied schnell das Spiel, in dem die Hertha meist klar dominierte und nie in Gefahr geriet. Frankfurts Jürgen Grabowski scheiterte am Pfosten des Hertha-Tores. Als Eintracht-Profi Willi Neuberger Berlins Mittelstürmer Karl-Heinz Granitza foulte, verwandelte Brück den Strafstoß sicher zum 0:5.

Eintracht-Urgestein „Charly" Körbel sagte nach dem Abpfiff: „Ich hatte das Gefühl, die Berliner waren immer mit zwei Mann mehr auf dem Platz."

Hertha: Nigbur, Sziedat, Brück, Kliemann, Weiner, Nüssing, Sidka, Beer, Gersdorff (82. Rasmussen), Granitza, Kristensen (65. Grau)

Zuschauer: 18.000 im Frankfurter Waldstadion

Tore: 0:1 Weiner (36.), 0:2 Kristensen (53.), 0:3 Gersdorff (56.), 0:4 Gersdorff (70.), 0:5 Brück (78./Elfmeter)

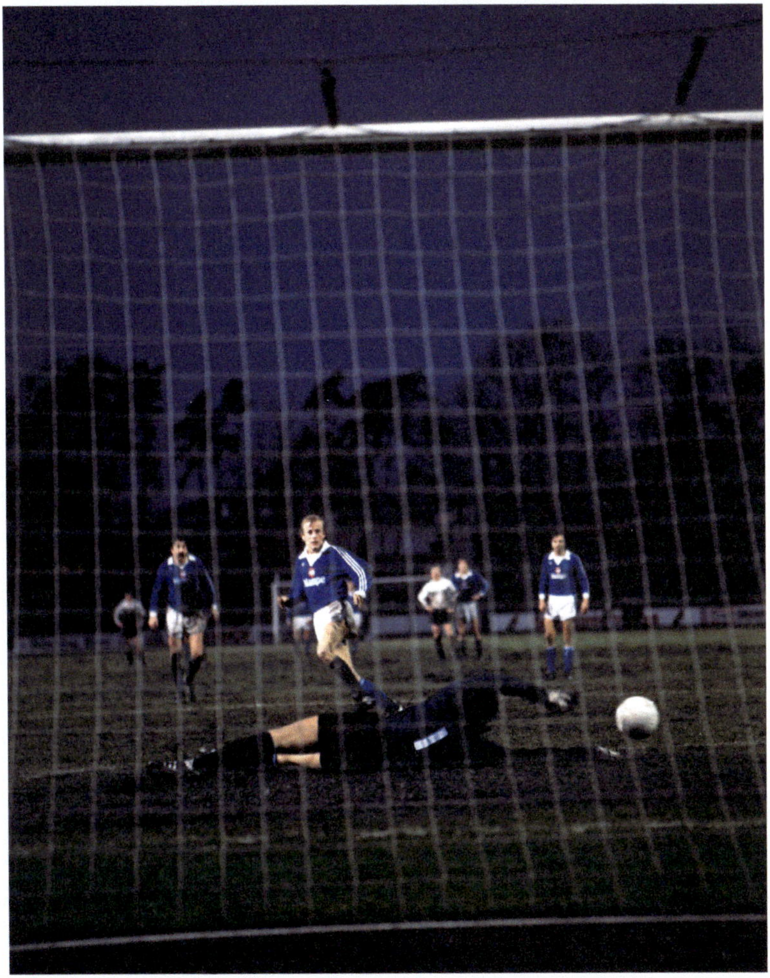

Holger Brück per Elfmeter zum 5:0-Endstand (imago/Kicker/Eissner)

UEFA-Cup

Ein Fest für die Hertha-Fans aus Ost und West

21. März 1979: Dukla Prag – Hertha BSC 1:2 (1:1)

In der Saison 1978/79 sorgte Hertha im UEFA-Cup für Aufsehen und viel Freude beim eigenen Anhang. Als Tabellen-Dritter hinter dem 1. FC Köln und Borussia Mönchengladbach in der Spielzeit 1977/78 waren die Berliner für den internationalen Wettbewerb qualifiziert. Ehe man im Viertelfinale auf den vielmaligen Meister der CSSR, die Armeemannschaft von Dukla Prag traf, wurden Trakia Plowdiw aus Bulgarien, Dynamo Tiflis aus Georgien und Esbjerg BK aus Dänemark aus dem Wettbewerb geworfen. Das Hinspiel gegen Dukla, gespickt mit zahlreichen Nationalspielern, endete in Berlin nur 1:1. Viele Experten gaben Hertha kaum noch Chancen, auswärts das Halbfinale zu erreichen.

Das Duell in Prag, der „goldenen" Stadt, ist neben dem fußballerischen Ereignis aber vor allem vielen Hertha-Fans als politisches Statement in bester Erinnerung geblieben. Herthas Anhänger reisten von West-Berlin über den Bahnhof Friedrichstraße, damals Grenzübergang, in Ost-Berlin ein und fuhren weiter nach Prag. Unterwegs, vor allem auf dem Bahnhof Schönefeld, stiegen immer mehr Ostberliner Hertha-Anhänger zu. In Prag selbst kam es zur Vereinigung tausender Fans aus Ost und West, die die Chance nutzten, sich trotz der Berliner Mauer zu treffen. Gut 15.000 Blau-Weiße Anhänger füllten die Hälfte des Stadions aus und unterstützten vehement die Hertha. Nationalspieler Nehoda brachte Dukla in Führung, aber Henrik Agerbeck und Jürgen Milewski drehten die Partie. Der Jubel des ost-westdeutschen Anhangs war riesengroß. Siegtorschütze Milewski sagte später: „Der Hertha-Vorstand hatte viel zu wenige Getränke für die Siegesfeier geordert. Bereits um ein Uhr in der Nacht war die Bar vollständig geleert. Man hatte wohl nicht mehr an uns geglaubt."

Hertha: Nigbur, Sziedat, Kliemann, Rasmussen, Brück, Diefenbach, Nüssing, Beer, Gersdorff, Agerbeck, Milewski

Zuschauer: 30.000 im Stadion Juliska in Prag

Tore: 1:0 Nehoda (21.), 1:1 Agerbeck (32.), 1:2 Milewski (57.)

Drama gegen Roter Stern

25. April 1979: Hertha BSC – Roter Stern Belgrad 2:1 (2:0)

Hertha hatte sich souverän bis ins Halbfinale des UEFA-Cups gespielt und traf auf die starke und international renommierte Mannschaft von Roter Stern Belgrad. Im Hinspiel vor 100.000 Zuschauern (!) in Belgrad verlor das Team von Trainer Kuno Klötzer knapp mit 0:1. Fußball-Berlin hoffte auf das Weiterkommen der Hertha. Beim Rückspiel in Berlin wurden offiziell 75.000 Zuschauer angegeben, es sollen aber laut zahlreicher Augenzeugen bedeutend mehr gewesen sein. Abwehrmann Michael Sziedat sagte später beeindruckt: „Es waren bestimmt an die 90.000 Zuschauer in der Arena, es herrschte ein unglaubliches Gedränge, eine großartige Atmosphäre." Allein 67.000 Tickets waren im Vorverkauf abgesetzt worden. Auch das war ein Rekord besonderer Art.

Das dramatische Spiel ging bei strömenden Regen über die Bühne. Die Fans trieben das Team nach vorn. Wolfgang Sidka hatte gleich zu Beginn Erich Beer mit einem schönen Pass freigespielt und Beer schaffte mit dem ersten Angriff der Berliner das erlösende 1:0. Das Hinspielresultat war damit egalisiert. Schon nach 18 Minuten legte Hertha nach und es war Sidka der zum 2:0 traf. Die Zuschauer tobten, Hertha stand zu diesem Zeitpunkt im Finale des UEFA-Cups. Nach einer knappen halben Stunde stoppte ein Belgrader Abwehrspieler Erich Beer regelwidrig im Strafraum. Doch der Elfmeterpfiff blieb aus. Die Spieler protestierten heftig bei Referee Lattanzi aus Italien – vergeblich. Beer war später erbost über diese Fehlentscheidung. Das Unheil nahm eine Viertelstunde vor dem Abpfiff seinen Lauf. Belgrad nutzte seine einzige Torchance in diesem Drama. Der unbedrängte Sestic nahm eine Flanke auf und hatte wenig Mühe, Herthas Keeper Norbert Nigbur zu bezwingen. Berlin war kurz vor dem großen Ziel gescheitert. Wegen der Auswärtstorregel zog Roter Stern ins Endspiel ein. Die 750.000 Mark Bruttoeinnahmen aus dem Halbfinale waren nur ein schwacher Trost für Hertha, die Enttäuschung bei den Spielern riesengroß.

Hertha: Nigbur, Sziedat, Kliemann, Weiner, Diefenbach, Brück, Sidka, Nüssing, Agerbeck, Beer, Krämer

Zuschauer: 75.000 im Berliner Olympiastadion

Tore: 1:0 Beer (2.), 2:0 Sidka (18.), 2:1 Sestic (74.)

Die verflixte 116. Minute

23. Juni 1979: Hertha BSC – Fortuna Düsseldorf 0:1 (0:0, 0:0) n.V.

Zwei Jahre nach dem im Wiederholungsspiel verlorenen DFB-Pokalfinale gegen den 1. FC Köln schaffte Hertha erneut den Einzug ins Endspiel des nationalen Cup-Wettbewerbs. Zuvor hatte die Mannschaft u.a. den Titelverteidiger Köln, Bayer Uerdingen und Eintracht Frankfurt ausgeschaltet. Im Finale, das erneut wie 1977 im Niedersachsenstadion von Hannover ausgetragen wurde, war Fortuna Düsseldorf der Gegner. In der Liga war Düsseldorf Sechster geworden, Hertha nur auf Rang 14 gelandet. Sieben Spieler aus den Finals von 1977 standen bei Hertha erneut im Endspiel und wollten endlich die Trophäe nach Berlin holen: Nigbur, Sziedat, Brück, Kliemann, Weiner, Sidka und Beer. Es sollte wieder eine dramatische Auseinandersetzung werden, die über 120 Minuten andauerte.

Lange wogte die Partie hin und her und stand 0:0. Alles sah nach einer Entscheidung per Elfmeterschießen aus. Dann kam die für Hertha verhängnisvolle 116. Minute. Es war Abwehrchef Uwe Kliemann, fast immer ein Bollwerk, dem ein Fehler unterlief. Seinen schlechten Rückpass konnte Keeper Norbert Nigbur nicht erreichen und Fortunas flinker Angreifer Wolfgang Seel spritzte dazwischen und entschied mit einem Kunstschuss das Spiel – 0:1.

Der unglücklichste Mann auf dem Platz war danach Kliemann, für den diese Szene lange wie ein Albtraum wirkte. „Ich konnte mich danach ja nicht erschießen", sagte er später drastisch, „ich hätte den Ball einfach wegkloppen sollen, aber ich habe leider einen Rückpass auf unseren Torhüter gespielt und Wolfgang Seel übersehen. Aber ich habe ja danach noch viele gute Spiele für Hertha gemacht."

Hertha: Nigbur, Sziedat, Kliemann, Weiner, Rasmussen, Brück, Sidka, Nüssing, Beer, Milewski (72. Agerbeck), Krämer (91. Remark)

Zuschauer: 56.000 im Niedersachsenstadion Hannover

Tor: 0:1 Seel (116.)

Blamage in Langerwehe

30. Januar 1980: TuS Langerwehe – Hertha BSC 2:1 (0:1)

Hertha BSC erlebte als Bundesligist eine schwere Saison, beschäftigte drei Trainer und stieg am Ende ab. In der dritten Runde des DFB-Pokals trafen die Berliner auf den damaligen Oberligisten TuS Langerwehe. Der 14.000-Einwohner Ort liegt zwischen Düren und Eschweiler in Nordrhein-Westfalen. Das Hinspiel im Berliner Olympiastadion, das lediglich 2.912 Zuschauer sehen wollten, endete überraschend 0:0 nach Verlängerung. So kam es zum Wiederholungsspiel, bei dem TuS Heimvorteil besass. Die Männer des Außenseiters erwarben sich mit ihren mutigen Auftritten den Ruf als „Pokalschreck".

Das 0:0 in Berlin hatte die gesamte Region rund um Langerwehe elektrisiert. Immerhin war TuS von 1975 bis 1981 sechsmal im DFB-Pokal dabei und Hertha hätte eigentlich gewarnt sein müssen. Doch die Gastgeber, frenetisch von 14.000 Fans angetrieben, wuchsen über sich hinaus. Zwar ging Hertha durch Hans-Joachim Förster in Führung, aber nach der Pause kam vom Team des Trainers Helmut Kronsbein viel zu wenig.

TuS kämpfte und erspielte sich einige Tor-Möglichkeiten. Friedhelm Hauck schaffte nach 55 Minuten den umjubelten Ausgleich und als alle schon wieder mit einer Verlängerung rechneten, schlug der Außenseiter zu. Andreas Stump erzielte in der 88. Minute das 2:1! Hertha blieb keine Zeit mehr, um noch den Ausgleich zu erzwingen. Die Berliner Fußball-Woche erhob die beiden Torschützen von Langerwehe in die Rubrik „Helden für einen Tag". Herthas Profis aber hatten sich gehörig blamiert und die Niederlage bei TuS gehört zu den bittersten in der langen Pokalgeschichte von Hertha BSC.

Hertha: Kleff, Sziedat, Brück, Kliemann, Timme, Förster (44. Gersdorff), Sidka, Plücken, Agerbeck, Dörflinger, Remark

Zuschauer: 14.000 auf dem Sportplatz in Langerwehe

Tore: 0:1 Förster (28.), 1:1 Hauck (55.), 2:1 Stump (88.)

Drama im verlorenen Abstiegskampf

31. Mai 1980: Hertha BSC – VfB Stuttgart 4:2 (3:1)

Nachdem Helmut „Fiffi" Kronsbein den Tabellenletzten Hertha BSC nach dem Rauswurf von Trainer Kuno Klötzer und dem Intermezzo von Interimstrainer Hans Eder übernommen hatte, war die Mannschaft zwar das zehntbeste Rückrunden-Team der Liga, doch für Hertha war die Lage vor dem 34. Spieltag, doch noch die Klasse zu halten, sehr ungünstig. Die Berliner, die vor der Saison die Abgänge starker Profis wie Erich Beer, Norbert Nigbur und Hanne Weiner zu verkraften hatten, mussten das letzte Spiel zu Hause gegen den VfB Stuttgart unbedingt gewinnen und auf eine gleichzeitige Niederlage von Abstiegskandidat Bayer Uerdingen beim 1. FC Köln hoffen. Dabei wies Uerdingen das bessere Torverhältnis gegenüber Berlin auf (-17 Tore zu -22 Toren).

51.000 Zuschauer pilgerten ins Olympiastadion und trieben ihre Mannschaft nach vorn. Viele verfolgten an Transistorradios, wie es in Köln gegen Uerdingen stand. Hertha ging früh durch Rasmussen in Führung, der VfB aber schaffte auch schnell den Ausgleich. Das Duell wogte hin und her und Hertha erhöhte auf 2:1 und 3:1. Die Fans honorierten den Kampf mit ständigen Anfeuerungsrufen. Köln aber führte lediglich mit 1:0. Der VfB verkürzte später auf 2:3, ehe Wolfgang Sidka den 4:2-Endstand erzielte. Zuletzt lief Hertha die Zeit davon. Man war zwar punktgleich mit Uerdingen, aber Bayer besaß das bessere Torverhältnis und unterlag in Köln nur mit 0:1. Der zweite Abstieg nach dem Zwangsabstieg 1965 wegen Zahlung überhöhter Gehälter und Handgelder war besiegelt. Dennoch wurde die Mannschaft nach dem dramatischen Ende von den Zuschauern, viele von ihnen wie einige Spieler mit Tränen in den Augen, gefeiert. Das Olympiastadion leerte sich nur zögerlich, die Berliner Fans trauerten und diskutierten noch lange über dieses Saisonfinale.

Hertha: Kleff, Sziedat, Brück, Kliemann, Diefenbach, Plücken, Sidka, Rasmussen (74. Timme), Agerbeck, Schlumberger, Remark (81. Krämer)

Zuschauer: 51.193 im Berliner Olympiastadion

Tore: 1:0 Rasmussen (11.), 1:1 Jank (21.), 2:1 Sidka (29.), 3:1 Sziedat (35.), 3:2 Hattenberger (72.), 4:2 Sidka (74.)

Roleder hält einen Elfmeter von Herthas Diefenbach (13.), B. Förster schießt einen Elfmeter über das Berliner Tor (75.).

Pokalüberraschung gegen Uerdingen

31. Januar 1981: Hertha BSC – Bayer Uerdingen 5:1 (2:0)

Es war eine ungewohnte Situation für Hertha BSC. Als Zweitligist war die Mannschaft von Trainer Uwe Klimaschefski im DFB-Pokalwettbewerb angetreten und galt in vielen Duellen nicht mehr als Favorit. Es hatte nach dem Abstieg viele personelle Veränderungen gegeben, der ehemalige Hertha-Profi Klimaschefski war neuer Cheftrainer geworden. In den ersten drei Runden setzte man sich gegen Holstein Kiel (3:1), den Würzburger FV 04 (4:1) und Darmstadt 98 (4:1) klar durch, ehe man im Achtelfinale ausgerechnet auf den Bundesligisten Bayer Uerdingen traf, gegen den man im Abstiegskampf in der Vorsaison wegen des schlechteren Torverhältnisses knapp gescheitert war. Bayer reiste natürlich als Favorit nach Berlin und wollte auch dieses Mal gegen die Berliner als Sieger vom Platz gehen.

Doch Trainer Klimaschefski hatte den Gastgebern, die ungemein motiviert angetreten waren, eine passende Taktik verpasst. „Wenn wir heute gegen Uerdingen gewinnen, kommt mit Fortuna Düsseldorf im Viertelfinale ein weiterer prominenter Gegner auf uns zu und füllt die Kassen des Vereins. Das sind wir der Hertha schuldig", sagte Klimaschefski. Der Trainer, nur „Klima" genannt, wurde später wegen seiner taktischen Meisterleistung gelobt und hatte jeden seiner Profis exakt auf seinen unmittelbaren Gegenspieler eingestellt. Der überragende Thomas Remark war von der Bayer-Abwehr nie zu halten und zu stoppen. Der Stürmer erzielte beim überraschenden 5:1-Triumph vier Tore und wurde vom Publikum gefeiert. Hertha hatte einen wichtigen Sieg erkämpft, der auch für Selbstvertrauen in der Liga sorgte.

Hertha: Quasten, Brück, Ziegert, Gruler, Stöhr, Mohr (77. Timme), Okudera, Dickert, Ehrmanntraut, Killmaier (77. Laohakul), Remark

Zuschauer: 24.500 im Berliner Olympiastadion

Tore: 1:0 Remark (23.), 2:0 Dickert (43.), 3:0 Remark (56.), 4:0 Remark (73.), 5:0 Remark (83.), 5:1 Kanders (89.)

Den Pokalverteidiger bezwungen

28. Februar 1981: Hertha BSC – Fortuna Düsseldorf 2:1 (1:0)

Nachdem Zweitligist Hertha BSC im Achtelfinale des DFB-Pokals den Bundesligisten Bayer Uerdingen hoch mit 5:1 bezwungen hatte, wartete im Viertelfinale mit Fortuna Düsseldorf der nächste Erstligist. 48.000 erwartungsfrohe Zuschauer waren ins Olympiastadion gekommen – viele in der Hoffnung vielleicht erneut eine Überraschung erleben zu können. Sie wurden nicht enttäuscht. Werner Killmaier brachte den Außenseiter mit einer schönen Bogenlampe schon nach 12 Minuten in Führung. Hertha, angetrieben von den Fans, wurde immer mutiger und immer frecher. Das Team von Trainer Uwe Klimaschefski agierte auch recht aggressiv, ging forsch in die Zweikämpfe, was die Fortunen irritierte. In der Halbzeitpause animierte Klimaschefski seine Männer mit den Worten: „Jungs, das Halbfinale winkt, wir sind schon halb drin! Also bleibt konzentriert und macht möglichst das 2:0!"

Es war Killmaier, der Schütze des Führungstreffers, der auf der linken Außenbahn auf und davon zog und Thomas Remark bediente, der das zweite Tor erzielte. Hinten glänzte Hertha-Torwart Gregor Quasten mit einigen großen Paraden und brachte die Düsseldorfer Angreifer zur Verzweiflung. Der Anschlusstreffer durch Thomas Allofs zwanzig Minuten vor Abpfiff kam zu spät für den Bundesligisten.

„Ein großes Spiel, ein verdienter Sieg", lauteten später viele Schlagzeilen. Hertha hatte immerhin den Pokalverteidiger aus dem Wettbewerb geworfen, der zuvor 18 Spiele in Serie im Cup siegreich gewesen war. Trotz der Kälte an diesem Februartag wurde den Berliner Zuschauern warm ums Herz.

Hertha: Quasten, Brück, Ziegert, Gruler, Stöhr, Mohr, Dickert (73. Jüttner), Okudera, Ehrmanntraut, Killmaier, Remark (86. Wesseler)

Zuschauer: 48.000 im Berliner Olympiastadion

Tore: 1:0 Killmaier (12.), 2:0 Remark (65.), 2:1 T. Allofs (71.)

2. Liga

Braunschweig verdirbt Hertha den Aufstieg

16. Mai 1981: Hertha BSC – Eintracht Braunschweig 2:4 (1:1)

Am drittletzten Spieltag der Saison 1980/81 in der Zweiten Liga Nord traf der Tabellen-Zweite Hertha auf den Dritten Eintracht Braunschweig. Ganz vorn thronte Werder Bremen. Der Kampf um den Aufstieg in die Bundesliga war spannend und sehr eng. Es war übrigens die letzte Saison der zweigeteilten Zweiten Liga, mit Ausnahme der Spielzeit 1991/92 nach der Wiedervereinigung. Im Berliner Olympiastadion erwartete die Spieler von Hertha und von Braunschweig eine Länderspiel-Kulisse von über 68.000 Fans. Durch die starken Resultate der Hertha im DFB-Pokal, wo das Team erst im Halbfinale an Eintracht Frankfurt scheiterte, waren die Erwartungen in Berlin enorm in die Höhe geschnellt. Der Aufstieg schien greifbar.

Doch an diesem heißen Tag in Berlin verdarb die Eintracht alle Hoffnungen von Hertha und seiner treuen Anhängerschaft. Ronny Worm hatte die Eintracht schnell in Führung gebracht, aber Thomas Remark und Werner Killmaier, Herthas beste Saisontorschützen, drehten das Duell und die Berliner führten mit 2:1. Die Euphorie war groß, hielt aber nur eine Viertelstunde, ehe Braunschweig der Ausgleich gelang und schließlich ein am Ende recht deutlicher 4:2-Sieg. Es heißt, die Gäste besaßen auch die bessere Kondition.

Bremen und Braunschweig stiegen auf. Hertha hatte trotz zweier Siege an den letzten beiden Spieltagen gegen Rot-Weiß Essen (3:2) und bei OSV Hannover (6:0) einen Punkt Rückstand auf Braunschweig und blieb in der Zweiten Liga. Bemerkenswert dennoch die Trefferquote von Werner Killmaier (36 Tore) und Thomas Remark (22 Tore) in dieser Spielzeit, die mit einer bitteren Enttäuschung vor einer Riesenkulisse endete.

Hertha: Quasten, Brück, Timme (74. Jüttner), Ziegert, Ehrmanntraut, Mohr, Gruler, Wesseler (86. Dickert), Okudera, Remark, Killmaier

Zuschauer: 68.767 im Berliner Olympiastadion

Tore: 0:1 Worm (14.), 1:1 Remark (15.), 2:1 Killmaier (50.), 2:2 Grobe (64.), 2:3 Bruns (76.), 2:4 Pahl (77.)

Endlich wieder Erste Liga

22. Mai 1982: Hertha BSC – Hannover 96 2:0 (2:0)

Lange, sehr lange hatte Fußball-Berlin auf diesen Tag gewartet. Fast genau vor zwei Jahren war die Mannschaft von Hertha BSC in die Zweite Liga abgestiegen. Damals sahen 50.000 Fans einen 4:2-Sieg gegen den VfB Stuttgart, der aber am Abstieg nichts mehr ändern konnte. Viele weinten angesichts des Niedergangs. Im Mai 1982 aber weinten auch zahlreiche der fast 43.000 Fans – dieses Mal waren es Freudentränen ob der Rückkehr ins Oberhaus. Zweitklassig zu sein war für Berlin und Hertha eine Schmach. Gegner Hannover 96 hatte ebenfalls noch Ambitionen aufzusteigen, besaß aber im Laufe des Spiels keine Chance gegen eine starke Hertha-Mannschaft, die eine hervorragende und konzentrierte Leistung bot. Zwei Treffer von Bernd Beck ließen das Olympiastadion jubeln. Der defensive Mittelfeldspieler war erst im vergangenen Jahr vom FC Homburg nach Berlin gekommen und nutzte zweimal weite Flanken, um mit anschließenden Volleyschüssen die beiden entscheidenden Tore zu erzielen.

„Beck-Tival und Festival" lauteten später die Schlagzeilen. Zwar wehrten sich die „Roten" aus Hannover tapfer, aber Hertha war einfach zu stark, zu bissig an diesem Tag. Die Männer von Trainer Georg Gawliczek, der während der Saison Uwe Klimaschefski als Chefcoach abgelöst hatte, befolgten die Taktik des Trainers perfekt. Für Hannover war der Traum vom Aufstieg geplatzt. Hertha stieg neben dem alten Konkurrenten Schalke 04 in die Erste Bundesliga auf, war von Ende Januar bis April 1982 acht Spiele in Serie ungeschlagen geblieben und hatte so den Grundstein für den großen Erfolg gelegt. Thomas Remark stieg mit 28 Treffern zum besten Schützen der Berliner auf.

Hertha: Quasten, Schneider, Rasmussen, Gruler, Stöhr, Ehrmanntraut, Mohr, Schmitz, Beck, Killmaier, Remark

Zuschauer: 42.929 im Berliner Olympiastadion

Tore: 1:0 Beck (28.), 2:0 Beck (42.)

Aufstiegsrunde 2. Liga

Ein schwarzer Tag im Olympiastadion

24. Juni 1987: Hertha BSC – BVL Remscheid 1:3 (1:0)

Hertha hatte die Saison in der Amateur-Oberliga Berlin klar dominiert und musste in die Aufstiegsspiele zur Zweiten Bundesliga. Die Gegner hießen BVL Remscheid, SV Meppen, SpVgg. Erkenschwick und Arminia Hannover. Am letzten Spieltag dieser Aufstiegsrunde schien Hertha BSC unmittelbar vor dem Aufstieg zu stehen. Ein Remis gegen Remscheid hätte ausgereicht. In der Ehrenloge des Olympiastadions wurde schon der Sekt kaltgestellt, alles war bereit für eine Aufstiegsfeier und dem ersehnten Ende bei den Amateuren. Aber das Unheil für den Favoriten nahm schon nach 27 Minuten seinen Lauf, als Torjäger Christian Sackewitz mit einer Leistenzerrung ausgewechselt werden musste. Ausgerechnet Sackewitz, bislang Garant für viele Tore! Dennoch schaffte der starke Jürgen Rinke nach einem Steilpass von Gowitzke das 1:0 nach 37 Minuten. Der Aufstieg war zum Greifen nahe.

Doch die Wende begann nach einem Foul von Meier, der danach vom Platz gestellt wurde. Kremer erzielte das 1:1 nach einem Torwartfehler von Funk. Kurz danach war es der Remscheider Köhler, dem das 1:2 gelang. Sein Schuss wurde von Herthas Niebel noch abgefälscht und landete als Bogenlampe im Berliner Tor. Das 1:3 nach Kopfballtreffer von Kremer sorgte für totale Niedergeschlagenheit im weiten Rund.

Herthas Trainer Jürgen Sundermann war sehr enttäuscht, denn ausgerechnet seine bundesligaerfahrenen Spieler hatten in diesem entscheidenden Duell versagt. Man habe sich in einem Spiel um den Lohn eines ganzen Jahres gebracht, schimpfte der Coach. Der Aufstieg war verspielt und die Zukunft der Hertha ungewiss.

Hertha: Funk, Meier, Gajda, Niebel, Fistler, Gowitzke, Schlumberger, Jüttner, Sackewitz (27. Blüthmann), Rinke, Krawczyk (63. Loontiens)

Zuschauer: 15.067 im Berliner Olympiastadion

Tore: 1:0 Rinke (37.), 1:1 Kremer (68.), 1:2 Köhler (73.), 1:3 Kremer (82.)

Ein historischer Moment nach dem Mauerfall

11. November 1989: Hertha BSC – Wattenscheid 09 1:1 (0:1)

Das hatten die Spieler von Zweitligist Hertha BSC natürlich nicht geahnt. Torhüter Walter Junghans oder die Stürmer Mike Lünsmann und Sven Kretschmer wussten vor dem 17. Spieltag der Saison 1989/90 nicht, dass sie bald zu historischen Protagonisten aufsteigen sollten. Der 11. November 1989 war kein normaler Tag, denn erst 48 Stunden zuvor, am 9. November, war völlig überraschend die Berliner Mauer gefallen. In Berlin, der lange geteilten Stadt, spielten sich unglaubliche Jubelszenen ab, überall herrschte Volksfeststimmung. Wildfremde Menschen lagen sich in den Armen. In dieser euphorischen Phase fand auch das Zweitligaspiel zwischen dem Tabellen-Vierten Hertha BSC und dem Tabellendritten Wattenscheid 09 statt. Beide Mannschaften strebten den Aufstieg in die Erste Bundesliga an. Dieses Duell, das unter normalen Umständen in West-Berlin vielleicht um die 10.000 Zuschauer angelockt hätte, erlebte plötzlich einen Boom. Vor allem die Fußballfans aus Ost-Berlin wollten das Olympiastadion und die Hertha kennenlernen – überhaupt den „Goldenen Westen". Gut 11.000 Fußball-Anhänger aus Ost-Berlin und auch aus anderen Städten der DDR pilgerten erwartungsfroh ins Olympiastadion. Da sie noch keine D-Mark besaßen, bekamen sie gegen Vorlage des Personalausweises freien Eintritt. Gesponsert wurde diese Aktion von Nissan. Die Automarke hatte schon vor dem Mauerfall geplant, Karten für 5 DM an West-Berliner abzugeben. An den Stadiontoren und auf den Vorplätzen am Ost- und am Südtor spielten sich unglaubliche Szenen ab. Manche küssten gar das Pflaster vor der Arena. Die Ost-Berliner Fans wurden freudig und begeistert in den Kreis der Hertha-Anhänger aufgenommen. Die Fans aus Köpenick, Lichtenberg oder Pankow waren mit ihren Fahrzeugen der Marke „Trabant" oder „Wartburg" angereist und hatten die Zufahrtsstraßen zum Stadion verstopft.

Das Spiel selbst geriet eigentlich zur Nebensache. Es war natürlich das erste Spiel überhaupt, dass alle Berliner gemeinsam live im Stadion erleben durften. Die Gäste aus Wattenscheid, auch unglaublich von der Kulisse und der Atmosphäre beeindruckt, gingen kurz vor der Halbzeitpause in Führung. Es war Hertha-Angreifer Sven Kretschmer, später viele Jahre Chefscout beim Verein, dem der verdiente Ausgleich gelang. Herthas Cheftrainer Werner Fuchs sagte später: „Die Mannschaft saß vor dem Spiel schweigend in der

Kabine. Alle waren gelähmt vor Rührung, aber auch durch den Druck, der plötzlich auf allen lastete." Die Welt schaute ja zu. Das Duell hatte plötzlich eine historische Dimension bekommen und Monate später sogar ein Happy End. Am Ende der Saison stiegen Hertha BSC und Wattenscheid 09 gemeinsam in die Erste Bundesliga auf.

Hertha: Junghans, Mischke, Jakobs, Halvorsen, Lünsmann, Zernicke (46. Kretschmer), Aaltonen, Gowitzke, Gries, Kurtenbach (74. Täuber), Klaus

Zuschauer: 44.174 im Berliner Olympiastadion

Tore: 0:1 Bach (43.), 1:1 Kretschmer (64.)

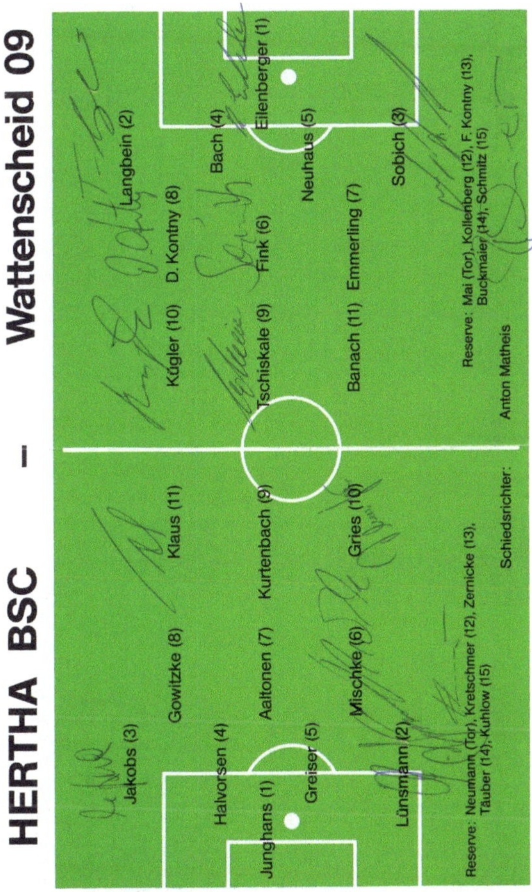

Programmheft mit Aufstellungen und nachträglichen Autogrammen vom historischen Spiel gegen Wattenscheid am 11. November 1989 (Privatarchiv Frank Schurmann)

Freundschaftsspiel

Emotionale Wiedervereinigung mit Union

27. Januar 1990: Hertha BSC – 1. FC Union Berlin 2:1 (1:1)

Was war das für ein Freudenfest! Im Januar 1990 trafen Hertha BSC, das sich anschickte, nach dem Fall der Mauer wieder in die Erste Bundesliga aufzusteigen, und der 1. FC Union aus Köpenick zum ersten Mal nach den vielen Jahren der Trennung in einem Freundschaftsspiel aufeinander. Während der Zeit der Mauer waren allen Widrigkeiten zum Trotz viele Freundschaften zwischen Hertha-Fans und Union-Anhängern entstanden. Herthas Anhänger besuchten oft mit einem Tages-Visum ausgestattet Oberliga-Spiele der Unioner in der Alten Försterei und Union-Anhänger reisten Hertha hinterher, wenn die Mannschaft im Europacup in osteuropäischen Ländern spielte, etwa in Prag. Es wurde der Slogan geboren: „Es gibt nur zwei Meister an der Spree – Union und Hertha BSC!"

Nun gab es also die emotionale Wiedervereinigung auf dem Rasen und auf den Tribünen des Olympiastadions. Knapp 52.000 Zuschauer waren gekommen, darunter etwa 30.000 aus dem Osten der Stadt. Egal, auf welcher Seite die Tore fielen, sie wurden von allen Fans gemeinsam bejubelt. Am Ende gewann Hertha durch Tore von Axel Kruse und Kapitän Dirk Greiser bei einem Gegentor durch André Sirocks mit 2:1. Unions Kapitän Olaf Seier sagte später: „Das alles war unbeschreiblich, eben die Erfüllung eines Traums – einmal im gewaltigen Olympiastadion zu spielen, dazu die unglaubliche Kulisse der glückseligen Fans, die beide Mannschaften gleichermaßen unterstützten." Hertha siegte zwar knapp gegen Union in einem fairen Vergleich, aber alle durften sich als Sieger fühlen. Nie wieder war die Atmosphäre bei den Duellen der beiden Traditionsvereine so einmalig, so friedlich und euphorisch wie an jenem 27. Januar 1990. Es bleibt ein historisches Ereignis für den Berliner Fußball.

Hertha: Junghans, Greiser, Halvorsen, Jakobs, Lünsmann (46. Mischke), Holzer (83. Niebel), Gries (88. Kuhlow), Patzke (88. Kurtenbach), Gowitzke (46. Zernicke), Kruse (76. Unglaube), Klaus (46. Kretschmer)

Zuschauer: 51.270 im Berliner Olympiastadion

Tore: 1:0 Kruse (13.), 1:1 Sirocks (25.), 2:1 Greiser (82.)

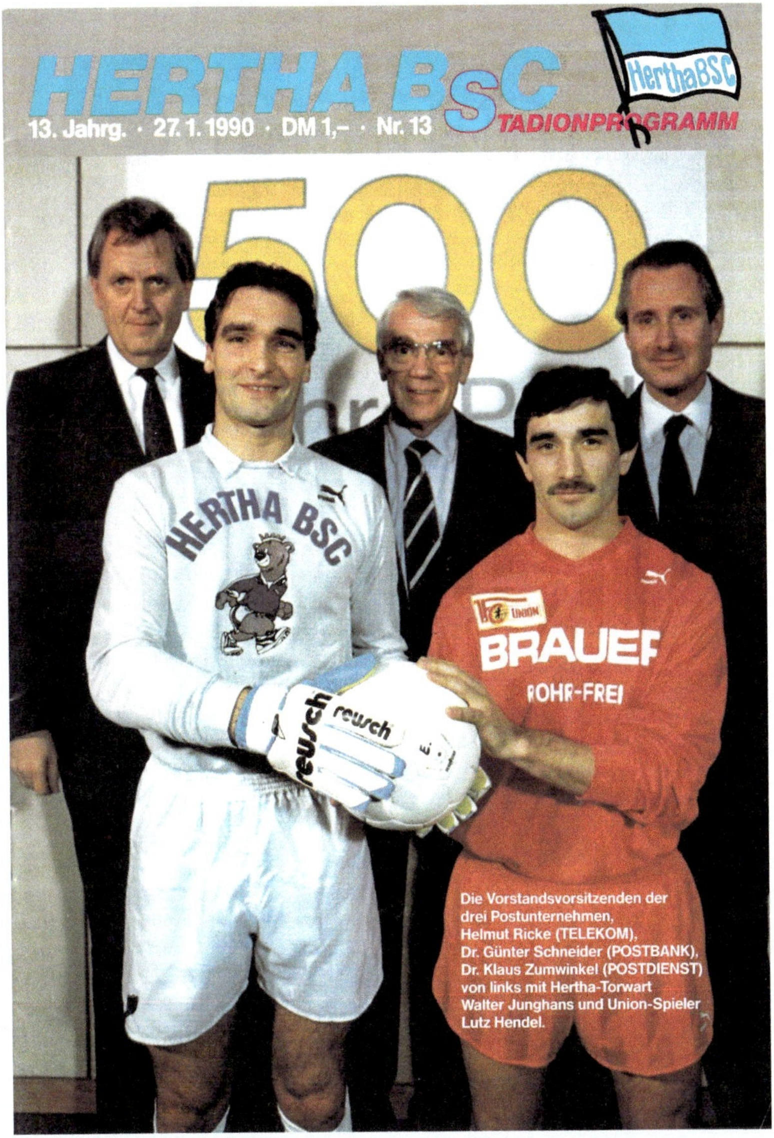

Cover des Stadionheftes zum „Wiedervereinigungsspiel" mit den Vorstandsvorsitzenden der drei Postunternehmen, Hertha-Keeper Walter Junghans und Union-Mittelfeldmann Lutz Hendel (Privatarchiv Frank Schurmann)

Endlich! Aufstieg in Aachen

1. Mai 1990: Alemannia Aachen – Hertha BSC 1:1 (0:0)

Am 34. von insgesamt 38 Spieltagen der Zweiten Liga musste Hertha BSC zu Alemannia Aachen reisen und konnte – wenn alles gut lief – endlich den ersehnten Aufstieg in die Erste Bundesliga klar machen. 500 Fans aus Berlin hatten die Mannschaft von Trainer Werner Fuchs in den Aachener Tivoli begleitet. Die einzige Mannschaft, die zu diesem Zeitpunkt den direkten Aufstieg der Hertha verhindern konnte, die Stuttgarter Kickers, hatten an jenem 1. Mai, dem „Tag der Arbeit", exakt um 19.44 Uhr mit 0:2 beim SC Freiburg verloren. In Aachen aber lief das Spiel noch zehn Minuten weiter, weil es wegen des Zuschauerandrangs später angepfiffen worden war.

Kurios: Über Videotext hatte Trainerfrau Monika Fuchs von der Kickers-Niederlage erfahren und das Resultat sofort an ihren Mann weitergegeben. Reporter Johannes B. Kerner vom Sender Freies Berlin (SFB) gratulierte sofort und Fuchs rief: „Super, aber jetzt noch zehn Minuten Konzentration!" Kurz danach schoss Torjäger Theo Gries, einst in Aachen am Ball, das 0:1 und der späte Ausgleichstreffer der Alemannia zum 1:1 ging danach im Freudentaumel der Berliner und ihrer Fans unter. Die 500 mitgereisten Herthaner stürmten auf den Rasen. Es wurde eine lange Nacht in Aachen. Nach sieben Jahren oder 356 Wochen oder 2.522 Tagen in der Zweit- oder gar Drittklassigkeit war Hertha BSC wieder im Oberhaus.

Trainer Fuchs sagte zu den Ursachen für den Aufstieg: „Neben der großartigen mannschaftlichen Steigerung und der sehr guten Moral der Truppe kamen auch glückliche Umstände dazu. Wir haben von Fehlern der Konkurrenz profitiert und unsere Möglichkeiten fast zu 100 Prozent ausgeschöpft."

Hertha: Junghans, Greiser, Halvorsen, Holzer, Lünsmann, Mischke, Patzke, Gowitzke, Gries, Kruse (75. Kretschmer), Klaus

Zuschauer: 14.000 im Tivoli Aachen

Tore: 0:1 Gries (85.), 1:1 Roussajew (88.)

Die Hertha-Bubis verzaubern Berlin

31. März 1993: Hertha BSC/Amateure – Chemnitzer FC 2:1 (2:1)

Berlin befand sich im Fußballfieber und die drittklassigen Hertha-Amateure, liebevoll die Bubis genannt, verzauberten mit ihren Auftritten im DFB-Pokal die gesamte Stadt. Nach Erfolgen gegen SGK Heidelberg (3:0), VfB Leipzig (4:2), Hannover 96 (4:3) und den 1. FC Nürnberg (2:1) wartete im Halbfinale der Zweitligist Chemnitzer FC, trainiert von Hans Meyer. Zum ersten Mal zogen die Bubis ins große Olympiastadion um. Entertainer Frank Zander war gebeten worden, extra ein Lied für diesen Fußball-Hit zu schreiben. Zander sang vor den 56.000 im Stadion dann zum ersten Mal das „Nur nach Hause geh'n wir nicht" live. Die Fans tobten, hielten ihre blau-weißen Schals in die Höhe und sangen das Lied mit. Es war die Geburt der berühmten Hertha-Hymne.

Dazu passte der erneut starke Auftritt der jungen Mannschaft, deren Akteure entweder im Berufsleben standen, etwa als Elektriker oder Gas-Wasser-Installateure arbeiteten, oder Abiturienten waren wie die Zwillinge Andreas und Oliver Schmidt. Mit Mittelfeldmann Carsten Ramelow stand nur ein Profi im Team, das immer wieder erfrischenden und erfolgreichen Fußball bot. Damals hatten die Bubis die Profis der Hertha aus den Schlagzeilen verdrängt. Chemnitz wehrte sich zwar im Halbfinale tapfer gegen die Niederlage, aber getragen von der großen Kulisse ließen sich die Amateure der Hertha den sensationellen Einzug im Pokalfinale nicht mehr nehmen.

Trainer Jochem Ziegert bekam danach von Amateurchef Jörg Thomas einen Triumph TR6, sein Lieblingsauto, geschenkt. Das hatte ihm Thomas zuvor im Überschwang der Gefühle versprochen, sollte das Team das Endspiel erreichen.

Hertha/Amateure: Fiedler, Meyer, Zimmermann, Nied, O. Schmidt, A. Schmidt, Klews, Ramelow, Holzbecher (67. König), Kaiser, Gezen (81. Lehmann)

Zuschauer: 56.514 im Berliner Olympiastadion

Tore: 1:0 Ramelow (4.), 2:0 Meyer (22.), 2:1 Heidrich (36. Elfmeter)

„Hertha-Bubis, Ihr seid Riesen"

12. Juni 1993: Hertha BSC/Amateure – Bayer Leverkusen 0:1 (0:0)

Dieses Bild flimmerte an jenem Juni-Tag 1993 via TV in unzählige deutsche Wohnzimmer oder in viele Fan-Kneipen: Da standen elf junge Burschen im Kessel des Olympiastadions und hielten sich eng umschlungen. Jeder suchte irgendwie Halt beim Nebenmann und man lauschte ehrfürchtig der Nationalhymne, ehe der Jubel der 76.000 Zuschauer über ihnen zusammenschlug und eine unheimliche Gänsehaut-Atmosphäre auslöste. Die Amateure der Hertha standen vor dem aufsehenerregenden Schlusspunkt einer sensationellen Reise im DFB-Pokal.

Im Endspiel, in dem zuletzt eine Mannschaft von Hertha BSC 1979 gestanden hatte (allerdings die Profis) war der Bundesligist Bayer 04 Leverkusen mit seinen zahlreichen Nationalspielern der Gegner und haushohe Favorit. Dennoch: In einer repräsentativen Umfrage des Emnid-Instituts kurz vor dem Finale setzten 54 Prozent der Berliner auf ihre Hertha-Bubis.

Die hielten dann auch lange sehr gut mit, ohne allerdings viele eigene Torchancen zu bekommen. Aber sie konnten die Bayer-Profis um Ulf Kirsten, Andreas Thom oder Christian Wörns auch meist vom eigenen Tor fernhalten. Karsten Nied bewachte Kirsten und Oliver Schmidt klebte an Thom. Eine Sensation oder zumindest die Verlängerung lag lange Zeit im Bereich des Möglichen. Erst ein etwas glücklicher Treffer von Torjäger Ulf Kirsten 13 Minuten vor dem Abpfiff brachte die Entscheidung. Nie wieder spielten die Bubis vor solch einer riesigen Kulisse wie am Tag des Finales. Nach einer kurzen Enttäuschung überwog bei den Akteuren und den Fans der Stolz über das Erreichte. „Hertha-Bubis, Ihr seid Riesen" oder „Weine nicht, wunderbare Hertha" lauteten danach die Schlagzeilen.

Hertha/Amateure: Fiedler, Meyer, O. Schmidt (73. Höpfner), Nied, A. Schmidt, Kolczyk, Holzbecher, Klews, Ramelow, Kaiser, Gezen

Zuschauer: 76.391 im Berliner Olympiastadion

Tor: 0:1 Kirsten (77.)

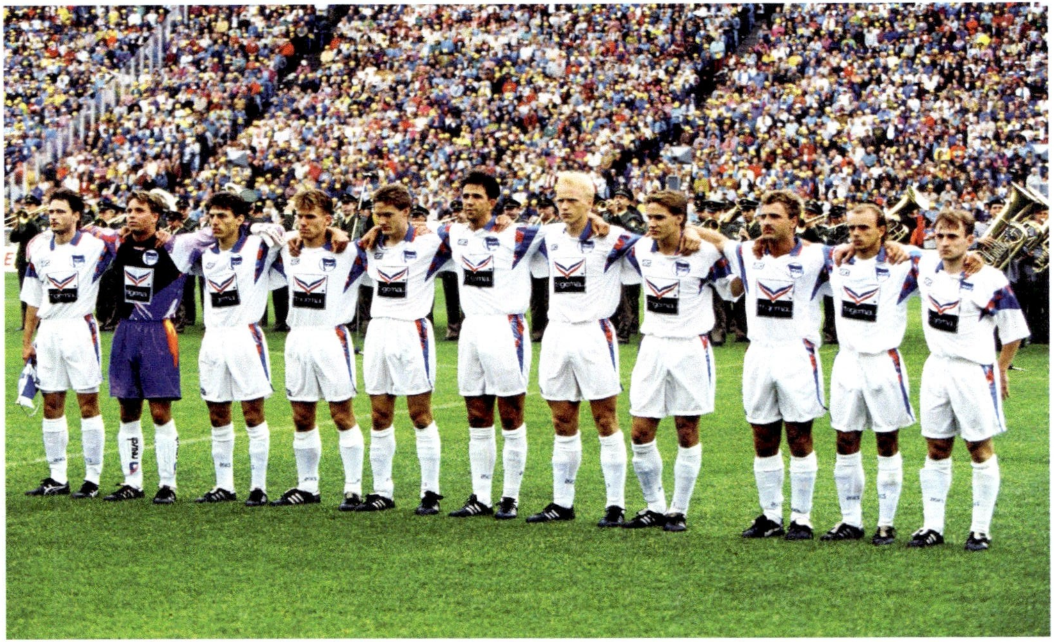

Die Hertha-Bubis vor dem Endspiel gegen Bayer Leverkusen. Von links nach rechts: Karsten Nied, Christian Fiedler, Ayhan Gezen, Sven Kaiser, Andreas Schmidt, Sven Meyer, Carsten Ramelow, Oliver Schmidt, Oliver Holzbecher, Gerald Klews, Wolfgang Kolczyk (imago/Camera 4)

Emotionaler Aufbruch in eine neue Ära

7. April 1997: Hertha BSC – 1. FC Kaiserslautern 2:0 (1:0)

Den 7. April 1997, einen Montag, haben tausende Hertha-Anhänger für immer in ihrem Gedächtnis gespeichert. Es war ein Fußball-Abend, der eine neue Zeitrechnung im Klub einläutete und den ersehnten Aufstieg in die Erste Bundesliga greifbar machte. Am 24. Spieltag kam es zum Duell der beiden führenden Klubs Hertha contra Kaiserslautern. Was dann passierte, war nur selten im Olympiastadion zu erleben. Als sich Hertha-Kapitän Axel Kruse zum Warmmachen auf den Rasen begab, staunte er ungläubig. 50.000 Menschen drängten sich in der Arena und es wurden von Minute zu Minute mehr. Zum ersten Mal nach 18 Jahren und dem UEFA-Pokalspiel der Hertha gegen Roter Stern Belgrad war das Olympiastadion bei einem Spiel der Hertha-Profis wieder ausverkauft. 75.000 Fans waren gekommen und feuerten ihre Mannschaft unentwegt an.

Axel Kruse brachte schon nach 25 Minuten das Team von Trainer Jürgen Röber in Führung und wurde von seinen Kameraden beim Jubeln fast erdrückt. Das Stadion bebte, aber Kruse musste schon nach einer halben Stunde mit einem „Pferdekuss" vom Platz und wurde durch den jungen Ungarn Pal Dardai ersetzt. Nach 55 Minuten ließ Lautern Keeper Gerry Ehrmann einen Kopfball von Sixten Veit fallen und von der Hacke seines Abwehrspielers Axel Roos sprang der Ball ins Netz. 2:0 für Hertha. Die La-Olá-Welle schwappte durch das weite Rund, die Fans regierten euphorisch. Niemand wollte nach dem Abpfiff nach Hause gehen. Rolf Schmidt-Holtz, Chef des Aufsichtsrates der Hertha, jubelte auf der Ehrentribüne: „Das war der Durchbruch. Im Jahr 2000 wollen wir im Europacup spielen!"

Hertha: Fiedler, Karl, Sverrisson, O. Schmidt, Fährmann, Veit, Arnold (71. A. Schmidt), Hartmann, Covic (77. Rraklii), Kruse (34. Dardai), Preetz

Zuschauer: 75.000 im Berliner Olympiastadion

Tore: 1:0 Kruse (25.), 2:0 Roos (55. Eigentor)

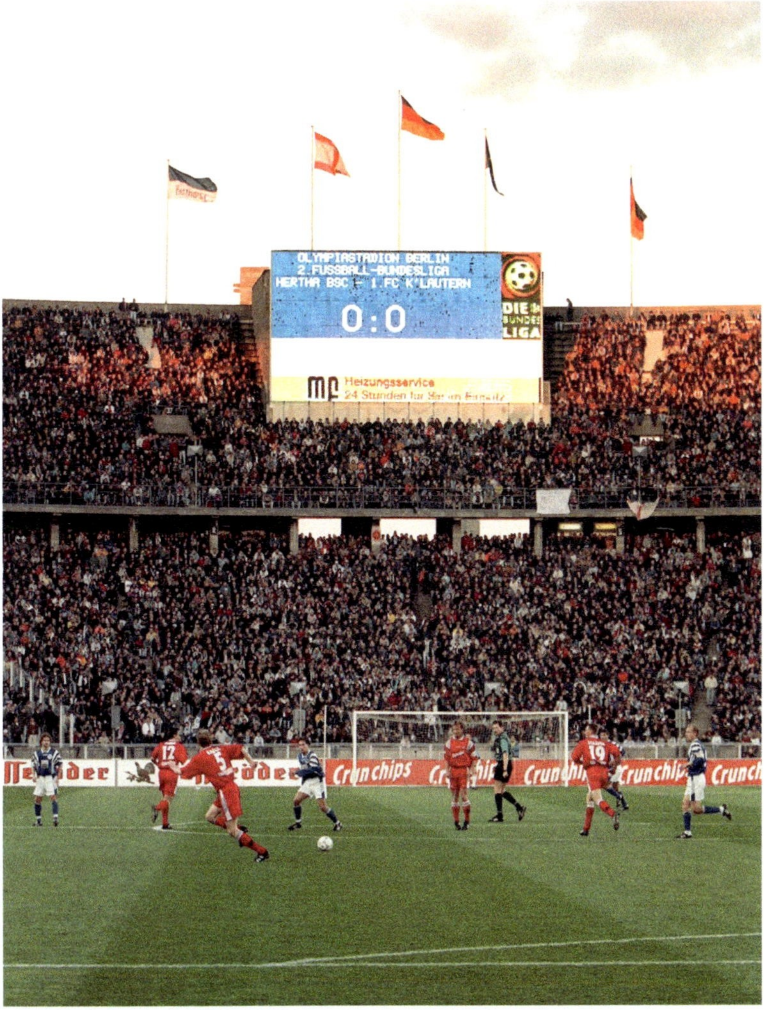

Blick ins ausverkaufte Olympiastadion: Am Ende gewinnt Hertha das Spitzenspiel 2:0 und ist dem Aufstieg in die Erste Bundesliga ein großes Stück näher (imago/Camera 4)

Aufstieg am bayerischen Biergarten

22. Mai 1997: SpVgg. Unterhaching – Hertha BSC 1:2 (0:1)

Vier Spieltage vor Saisonschluss ergab sich für Hertha innerhalb einer englischen Woche mit drei Spielen binnen sechs Tagen die Chance, bereits den lang ersehnten Aufstieg in die Erste Liga perfekt zu machen. An einem Donnerstagabend musste die Mannschaft von Trainer Jürgen Röber nach Unterhaching. An der Stirnseite des Stadions befand sich ein bayerischer Biergarten, wo die Fans während der Partie ihr Weißbier trinken konnten. Hertha interessierte das aber natürlich nicht.

Das Team übernahm sofort die Initiative und kam durch den starken Ante Covic zum Führungstreffer. Der Kroate traf mit einem schönen Schuss aus 16 Metern Entfernung. Dieses Tor verlieh Hertha weiteres Selbstvertrauen. Röber musste allerdings auf seine beiden erfolgreichen Stürmer Michael Preetz (5. Gelbe Karte) und Axel Kruse (10. Gelbe Karte!) verzichten und hatte Marc Arnold und Uwe Weidemann in die Offensive beordert.

Nach der Pause war es Michel Dinzey, der mit einem Distanzschuss aus 18 Metern das 0:2 erzielte. Der Aufstieg war zum Greifen nah. Doch Frank Schmöller, einst in Diensten der Hertha, schaffte das 1:2. Den knappen Vorsprung aber verteidigte Hertha, Keeper Christian Fiedler glänzte mit guten Paraden. Der Jubel war riesengroß nach dem Abpfiff und Hertha nach sechs Jahren in der Zweitklassigkeit endlich wieder im Oberhaus. In einer Münchner Edeldisco wurde bis in die Morgenstunden gefeiert. Bei der Ankunft am nächsten Tag am Flughafen Tegel führte Manager Dieter Hoeneß eine Polonaise am Flugsteig 7 an.

Hertha: Fiedler, Sverrisson, Götz, O. Schmidt, Fährmann, Veit (76. Vural), A. Schmidt, Dinzey, Covic, Weidemann (68. Dardai), Arnold

Zuschauer: 3.500 im Stadion am Sportpark Unterhaching

Tore: 0:1 Covic (29.), 0:2 Dinzey (50.), 1:2 Schmöller (56.)

Starker Auftakt gegen Dortmund

3. August 1997: Hertha BSC – Borussia Dortmund 1:1 (1:1)

Nach dem Aufstieg in die Erste Bundesliga fieberte ganz Berlin dem Auftakt in die neue Saison 1997/98 entgegen. Rund neun Millionen Mark hatte Marketing-Partner Ufa für Transfers zur Verfügung gestellt, um die Mannschaft erstligatauglich zu machen. Acht neue Spieler, darunter sechs aus dem Ausland, wurden schließlich verpflichtet. Teuerster und prominentester Zugang war der Holländer Bryan Roy. Den 32-maligen Nationalspieler holte Manager Dieter Hoeneß von Nottingham Forest aus England und zahlte die damalige Berliner Rekordablöse von 3,15 Millionen Mark. Trainer Jürgen Röber musste aus dem eher bodenständigen Aufsteigerteam nun ein internationales Ensemble formen.

Das zeigte sich zum Auftakt gegen den Champions-League-Sieger Borussia Dortmund von seiner besten Seite. Am 3. August 1997, einem Sonntag, wurde für Hertha um 18 Uhr die neue Spielzeit und damit eine neue Ära angepfiffen. Über 71.000 Zuschauer füllten das Olympiastadion. Doch die wurden nach 26 Minuten ernüchtert, als Lars Ricken die klar favorisierten Dortmunder in Führung brachte. Es war der schnelle und trickreiche Ante Covic, dem der umjubelte Ausgleich gelang. Der Schuss des Kroaten wurde noch leicht vom Knie des Mittelfeldmannes Sixten Veit abgelenkt. Covic aber wurde als Herthas erster Torschütze nach dem Aufstieg eingetragen. Es blieb beim 1:1. Hertha wehrte sich tapfer, spielte mutig und offensiv.

Die Berliner Fans unter den Zuschauern waren angetan von der Spielweise ihrer neuen Hertha. Antreiber Michael Hartmann sagte später: „Als die starken Dortmunder merkten, dass gegen uns und die 70.000 im Stadion nicht viel mehr als ein Remis drin ist, haben sie das Resultat clever verteidigt."

Hertha: Fiedler, Herzog, Karl, Sverrisson, Dinzey, Covic, Rekdal (61. A. Schmidt), Veit, Hartmann, Kruse (84. Arnold), Roy (61. Preetz)

Zuschauer: 71.563 Zuschauer im Berliner Olympiastadion

Tore: 0:1 Ricken (26.), 1:1 Covic (35.)

Späte Rettung für Trainer Röber

25. Oktober 1997: Hertha BSC – Karlsruher SC 3:1 (0:1)

Vor dem 12. Spieltag und einem Heimspiel gegen den Karlsruher SC war Aufsteiger Hertha auf dem letzten Tabellenplatz angelangt und Trainer Jürgen Röber arg in die Kritik geraten. In der Vereinsführung gab es Röber-Gegner und Röber-Befürworter. Vor dem Duell gegen den KSC wurde der Coach im Hotel „Esplanade" zum Rapport beim Aufsichtsrat zitiert. 50 Journalisten bildeten eine Gasse zum Spießrutenlauf für den Trainer, als dieser in den Verhandlungsraum musste. „Meine wohl bitterste Stunde", sagte Röber später. Nach langem Warten kam das Ergebnis eine Stunde vor Mitternacht: Der Trainer dürfe die Mannschaft gegen Karlsruhe betreuen. Danach würde über seine Zukunft entschieden.

Knapp 30.000 Fans waren bei miesem Wetter ins Olympiastadion gekommen, einige mit Plakaten ausgerüstet („Geht Röber, gehen wir"). Es war tatsächlich ein „Endspiel" für den Chefcoach. Nach zwei Minuten schien das Unheil seinen Lauf zu nehmen, als Keller für den KSC die Führung erzielte. Doch danach bäumte sich die Mannschaft mächtig auf, begeisterte die Zuschauer und kämpfte wie besessen.

Es war der Holländer Bryan Roy, teuerster Zugang, der seine bislang beste Leistung zeigte und mit einem schönen straffen Schuss das 1:1 erzwang. Zwei weitere Treffer durch den Isländer Eyjölfur Sverrisson und Torjäger Michael Preetz ergaben den umjubelten 3:1-Sieg der Hertha. Die Fans feierten minutenlang das Team und Jürgen Röber, der erst einmal durchatmen konnte. Die Mannschaft mit vielen Zugängen hatte endlich gezeigt, wozu sie fähig ist. Vor allem Trainer Röber hat dieses Duell gegen Karlsruhe nie mehr vergessen.

Hertha: Kiraly, Herzog, Rekdal, A. Schmidt, Veit, Karl (75. Arnold), Sverrisson, Dinzey (46. Fährmann), Roy, Preetz, Tchami (78. Kruse)

Zuschauer: 30.254 im Berliner Olympiastadion

Tore: 0:1 Keller (2.), 1:1 Roy (56.), 2:1 Sverrisson (82.), 3:1 Preetz (90.)

Preetz trifft in beide Tore

14. Februar 1998: Hertha BSC – Bayern München 2:1 (1:0)

76.000 erwartungsfrohe Zuschauer, darunter auch zahlreiche Bayern-Fans, waren ins Olympiastadion gekommen und sie erlebten eine Sternstunde für Hertha BSC. 19 Jahre und elf Monate hatte es keinen Sieg der Berliner gegen die Bayern gegeben – bis zum 14. Februar 1998. München war als Meister und aktueller Tabellen-Zweiter nach Berlin gekommen und traf auf eine leidenschaftlich spielende und kämpfende Hertha. Die Abwehr um Dick van Burik, Steffen Karl und Jolly Sverrisson stand glänzend. Im Angriff wirbelte neben Michael Preetz der ehemalige Star des DDR-Meisters BFC Dynamo, Andreas Thom, den Manager Dieter Hoeneß von Celtic Glasgow zurück in die Hauptstadt geholt hatte. Jahrelang war Thom zuvor ein erfolgreicher Stürmer bei Bayer Leverkusen gewesen.

Michael Preetz schaffte nach 18 Minuten nach einem feinen Zuspiel des kleinen Mittelfeldrenners Marc Arnold das 1:0. Das Stadion tobte und feierte. Preetz war auch am 2:0 beteiligt, als er von der linken Seite eine Hereingabe auf Ante Covic zirkelte, der zum 2:0 einschoss. Die Vorentscheidung?

Es war aber erneut Preetz, genannt der „Lange", der im Mittelpunkt des Geschehens stand. Nach einem Eckball verursachte er per Kopf ein unglückliches Eigentor und machte die letzten Minuten des Spiels zu einer Zitterpartie. Doch Hertha verteidigte mit Mann und Maus den Vorsprung und ging – gefeiert vom Publikum – als verdienter Sieger vom Platz. Die Schlagzeile in der BZ lautete am Tag nach dem seltenen Triumph gegen die großen Bayern: „2:1 – Hertha, lass dir knutschen!"

Hertha: Kiraly, van Burik, Karl, Sverrisson, Veit, A. Schmidt, Dinzey, Covic (89. Fährmann), Arnold (87. O. Schmidt), Preetz, Thom

Zuschauer: 76.347 im Berliner Olympiastadion

Tore: 1:0 Preetz (18.), 2:0 Covic (70.), 2:1 Preetz (84. Eigentor)

Entlassung in der Halbzeitpause

18. April 1998: 1860 München – Hertha BSC 3:1 (2:0)

Die Rückrunde der Saison 1997/98 glich bei Hertha einer Achterbahnfahrt. Zu unterschiedlich waren die Leistungen. Aber die Mannschaft geriet nie mehr in akute Abstiegsgefahr. Dennoch: Niederlagen gegen Schalke (1:4) und Bremen (0:2) – jeweils im Olympiastadion – ließen Aufsichtsratschef Robert Schwan vor dem 31. Spieltag sehr nervös werden. Hertha musste nach München zu 1860 reisen, spielte lange Zeit schwach und unterlag mit 1:3. Beim Stand von 2:0 für 1860 nach den ersten 45 Minuten geschah Kurioses auf der Haupttribüne. Ein Fernsehsender interviewte Schwan, dem plötzlich vor laufender Kamera der Kragen platzte. Er tobte und sagte: „Selbstverständlich entlassen wir Trainer Röber und zwar sofort und achtkantig. Der muss weg. Ob der Dieter Hoeneß oder sonst wer was dazu sagen und zu fragen haben, ist mir scheißegal!" Alle umstehenden Journalisten staunten – eine Trainerentlassung in der Halbzeit hatte es lange nicht mehr gegeben.

Röber und die Mannschaft, die sich in Halbzeit zwei mühte, um vielleicht doch noch ein Remis zu erreichen, wussten nichts von den Eskapaden des Robert Schwan. Manager Dieter Hoeneß erfuhr erst unmittelbar vor der Pressekonferenz von diesem Eklat. Hektisch wurde nach dem Spiel ein Treffen mit Präsidium, Aufsichtsrat und Vertretern der Ufa im berühmten Lokal „Stanglwirt" nahe Kitzbühel, dem Wohnsitz von Schwan angesetzt. Auf dieser Krisensitzung ging es hoch her zwischen Röber-Befürwortern und -Gegnern. Noch auf dem Weg zum Flughafen sprach sich die Mannschaft für ihren Trainer aus und verfasste sogar eine Erklärung. Gut 24 Stunden nach dem 1:3 in München kam vom Verein die Mitteilung, dass Röber in seinem Amt bleibe.

Hertha: Kiraly, Herzog, Rekdal, Sverrisson, van Burik (61. Covic), A. Schmidt, Mandreko, Arnold (46. Tchami), Roy, Thom, Preetz

Zuschauer: 31.800 im Münchner Olympiastadion

Tore: 1:0 Hobsch (24.), 2:0 Winkler (35. Elfmeter), 2:1 Preetz (53.), 3:1 Quakili (90.)

Ein Festtag für Fußball-Berlin

29. Mai 1999: Hertha BSC – Hamburger SV 6:1 (1:0)

Der 34. Spieltag der Saison 1998/99 gehört zu den absoluten Höhepunkten in der Liga-Geschichte von Hertha. Im Heimspiel gegen den Hamburger SV war alles angerichtet für ein Fußball-Fest. Hertha stand nach zahlreichen starken Auftritten sensationell auf Rang drei der Liga, das Olympiastadion war mit 76.000 Fans total ausverkauft und die Sonne brannte von einem wolkenlosen blauen Himmel. Die Stimmung war gigantisch. Michael Preetz führte die Torjägerliste der Liga mit 20 Treffern an, gefolgt vom Leverkusener Ulf Kirsten, der bei 18 Toren stand. Zum ersten Mal besaß mit Preetz ein Profi von Hertha die große Chance, tatsächlich die begehrte Torjägerkanone zu gewinnen. Der „Lange" tat dies gegen den HSV eindrucksvoll und wurde immer wieder von seinen Mitspielern gesucht und in günstige Schusspositionen gebracht. Dabei begannen die Hamburger ebenbürtig und lange Zeit war nicht an solch eine hohe Niederlage der Norddeutschen zu denken. Zwar hatte Preetz schon nach sechs Minuten getroffen – nach Vorarbeit von Andreas „Zecke" Neuendorf – aber der HSV hielt mit. Nach der Pause verwandelte Preetz einen Foulelfmeter sicher zum 2:0, ehe Tony Yeboah der schnelle Anschlusstreffer gelang. Wenig später aber gab Hertha eine deutliche Antwort. Ilija Aracic schaffte das 3:1 und brach so endgültig den Widerstand der Hamburger. Hertha spielte sich in einen Rausch und verurteilte die HSV-Spieler zu Statisten. Neuendorf und Andreas Thom erhöhten auf 4:1 und 5:1, ehe Michael Preetz den 6:1-Endstand markierte. Nach dem Abpfiff sang Entertainer Frank Zander zusammen mit der Mannschaft und den begeisterten Fans die Hymne „Nur nach Hause …" Hertha hatte Platz 3 in der Liga verteidigt und schaffte so sensationell die Qualifikation für die Champions League. Und Michael Preetz wurde mit 23 Treffern Torschützenkönig der Bundesliga. Was sich im Stadion abspielte, war gar einer Meisterfeier würdig.

Hertha: Kiraly, Sanneh (80. Saba), Herzog, Hartmann, Neuendorf, Thom, Dardai, Wosz, Tretschok (72. Mandreko), Aracic (78. Tchami), Preetz

Zuschauer: 76.000 im Berliner Olympiastadion

Tore: 1:0 Preetz (6.), 2:0 Preetz (51. Elfmeter), 2:1 Yeboah (52.), 3:1 Aracic (55.), 4:1 Neuendorf (69.), 5:1 Thom (75.), 6:1 Preetz (86.)

Champions League

Hektische Premiere in der Königsklasse

15. September 1999: Galatasaray Istanbul – Hertha BSC 2:2 (1:2)

Das große Abenteuer Champions League begann für Hertha am 13. September 1999. Zum ersten Mal startete eine Mannschaft des Hauptstadtklubs in der Königsklasse. Ziel war Istanbul, wo zwei Tage nach dem Abflug der Mannschaft der vielmalige türkische Meister Galatasaray Istanbul der prominente Gegner war. Hertha hatte eine Maschine der Schweizer Crossair gechartert. Der Flug von Tegel an den Bosporus verlief ruhig, aber kurios. Als ein TV-Team ein Interview über den Wolken mit Nationalspieler Sebastian Deisler führen wollte – das Flugzeug befand sich etwa auf Höhe Bulgarien – fehlten Deisler und sein Freund, der US-Amerikaner Antony Sanneh. Die Plätze 12a und 12c blieben leer. Die hektische Suche im Flieger blieb erfolglos. Die beiden Profis befanden sich weder auf der Toilette noch im Cockpit des Piloten.

Hertha hatte die beiden in Tegel schlicht vergessen, weil sich die Spieler in einer Cafeteria beim Espresso auf der Abflugtafel an einer anderen Maschine in die Türkei orientiert hatten. Das Duo flog dem Tross Stunden später hinterher. Angekommen in Istanbul erschütterte ein kleines Erdbeben eines größeren Bebens zuvor außerhalb Istanbuls die Millionenmetropole, ein erneuter Schock für die Herthaner. Für einige Sekunden war das Nachbeben auch im luxuriösen Hotel Kempinski, wo Hertha abgestiegen war, zu spüren. Stürmer Andreas Thom sprang sogar aus dem ersten Stock der Nobelherberge, einem einstigen Sultanspalast direkt am Bosporus gelegen. Das Nachbeben hatte eine Stärke von 5,8 auf der Richterskala.

Das Spiel selbst in einem Stadion mit heißblütigen Fans und vielen Polizisten verlief äußerst hektisch. Michael Preetz und Dariusz Wosz brachten den Außenseiter mit einem schnellen Doppelschlag sogar mit 2:0 in Führung. Eine große Überraschung lag in der Luft. Das Glück aber war später nicht auf der Seite der engagierten und selbstbewussten Truppe von Trainer Jürgen Röber. Die türkische Sturm-Legende Hakan Sükür hatte auf 1:2 verkürzt, Thomas Helmer musste verletzt den Platz verlassen, auch Wosz musste nach der Pause mit einer heftigen Blessur ausgewechselt werden. Damit nicht genug. Michael Hartmann erlitt nach einem Foul von Gheorge Hagi einen Mittelfußbruch. Hertha hatte aber schon dreimal gewechselt. Mehr Pech war kaum möglich. Als Kostas Konstantinidis eine Tätlichkeit beging, stellte ihn der Schweizer Referee Urs Meier vom Platz und Hagi versenkte den fälligen Elfmeter zum

2:2 fünf Minuten vor dem Abpfiff. Hertha aber hatte sich bei der Premiere in der Champions League sehr gut verkauft. Mit einem kleinen „Lazarett" an Bord trat die Berliner Delegation den Rückflug noch in der Nacht an – total abgekämpft, aber auch stolz.

Hertha: Kiraly, Helmer (17. Veit, 46. Neuendorf), Herzog, Schmidt, Deisler, Konstantinidis, Dardai, Hartmann, Wosz (50. Thom), Daei, Preetz

Zuschauer: 23.000 im Ali-Sami-Yen Stadion Istanbul

Tore: 0:1 Preetz (12.), 0:2 Wosz (13.), 1:2 Sükür (24.), 2:2 Hagi (85. Elfmeter)

Rote Karte: Konstantinidis

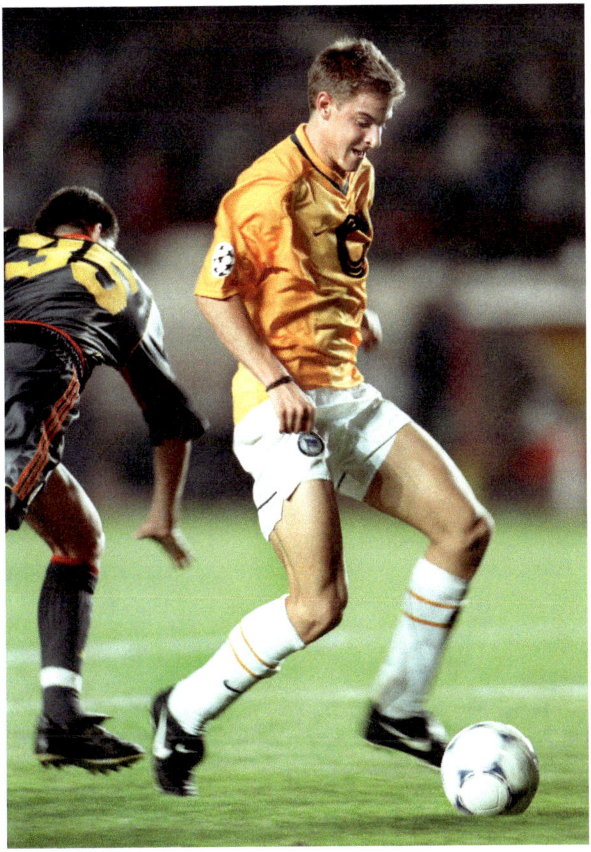

Mittelfeld-Ass Sebastian Deisler beim 2:2 in Istanbul

(imago/Camera 4)

Ali Daei wird zum Helden

21. September 1999: Hertha BSC – Chelsea London 2:1 (1:0)

Im ersten Heimspiel der Champions League war die englische Spitzenmannschaft von Chelsea London der prominente Gegner. Berlins Fußball-Anhänger fieberten dem Duell entgegen. Die Erwartungen waren nach dem gelungenen Auftakt zuvor beim 2:2 in Istanbul gegen Galatasaray noch einmal gestiegen. Und die über 50.000 Fans, die ins Olympiastadion gekommen waren und ihre Mannschaft lautstark nach vorn trieben, wurden nicht enttäuscht.

Schon nach drei Minuten war es der großgewachsene und sprunggewaltige Iraner Ali Daei, der von Bayern München zu Hertha gewechselt war, der per Kopf das 1:0 erzielte. Der Nationalspieler, ehemaliger „Welttorjäger", hatte eine wunderbare Flanke von Antony Sanneh verwandelt. Die Londoner, bei denen der spätere französische Weltmeister-Trainer Didier Deschamps im Team stand, besaßen danach zwar die größeren Spielanteile, aber Herthas Defensive stand gut und meist sicher. Die Mannschaft startete immer wieder gefährliche Konter und versetzte den Engländern Nadelstiche. Nach 70 Minuten jubelte das Olympiastadion erneut. Wieder war es Ali Daei, der einen Fehlpass der Engländer abfing und mit einem straffen Schuss, der beide Innenpfosten touchierte – einem „Billardtor" –, das 2:0 schaffte. Die Berliner Presse taufte ihn anschließend „Air Daei". Vier Minuten vor dem Abpfiff bekam Chelsea einen Elfmeter zugesprochen, nachdem der Holländer Dick van Burik ein Foulspiel begangen hatte. Der französische Weltmeister im Team der Gäste, Frank Leboeuf, verkürzte auf 1:2. Hertha aber brachte den Sieg über die Zeit und wurde von den Fans gefeiert. „Ein guter Tag für mich", sagte Ali Daei danach bescheiden. Der englische „Daily Star" schrieb martialisch: „Daei killt die Blauen!"

Hertha: Kiraly, van Burik, Herzog, Schmidt, Sanneh (67. Veit), Deisler, Dardai (80. Helmer), Tretschok, (12. Michalke), Wosz, Daei, Preetz

Zuschauer: 51.541 im Berliner Olympiastadion

Tore: 1:0 Daei (3.), 2:0 Daei (70.), 2:1 Leboeuf (86. Elfmeter)

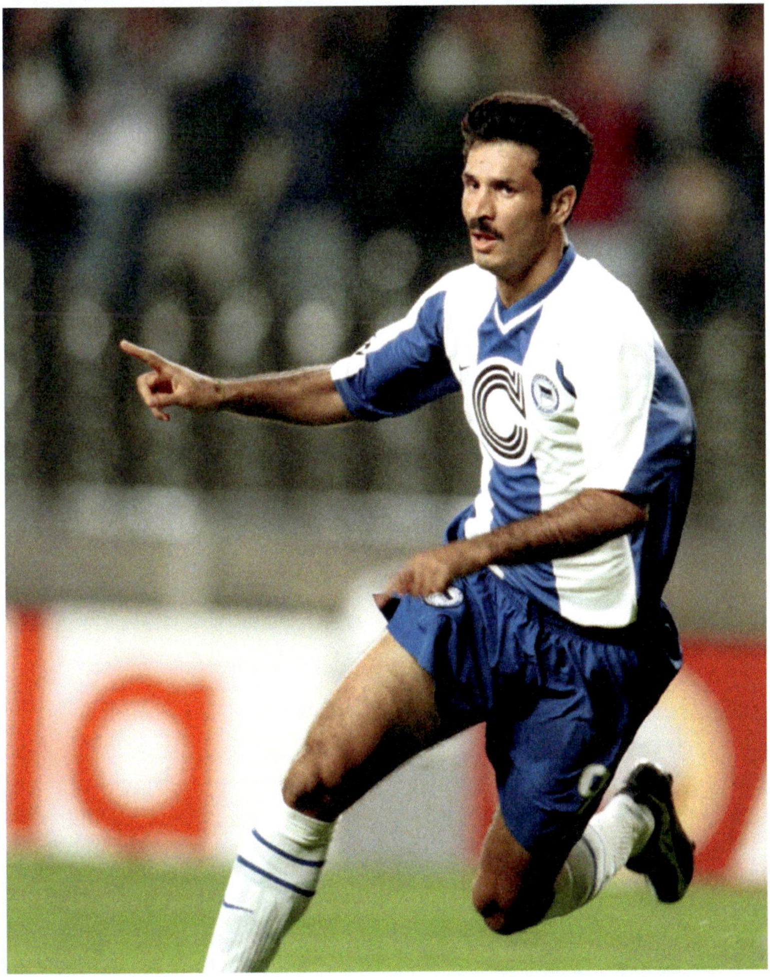

Der Iraner Ali Daei überragt als zweifacher Torschütze bei Herthas 2:1-Sieg gegen Chelsea (imago/Camera 4)

Die Zaubermaus war nicht zu halten

20. Oktober 1999: Hertha BSC – AC Mailand 1:0 (1:0)

In der Königsklasse hatte Hertha Ende September 1999 im Mailänder San Siro-Stadion ein beachtliches 1:1 erreicht und erwartete das große Milan zum Rückspiel. Die Italiener kamen unter anderem mit den Abwehrassen Paolo Maldini und Alessandro Costacurta, dem ukrainischen Starstürmer Andrej Schewtschenko sowie dem deutschen Nationalspieler Oliver Bierhoff. Das Olympiastadion war natürlich ausverkauft. Vor dieser Kulisse entwickelte sich ein großartiger Kampf und Hertha zeigte eines seiner besten Spiele auf der internationalen Bühne.

Herthas Plan sah so aus: Sebastian Deisler, Dariusz Wosz und Kai Michalke sollten sich mit ihrer Schnelligkeit durch die Mailänder Hintermannschaft spielen und die beiden Spitzen Ali Daei und Michael Preetz mit Flanken füttern. Hinten sollte Dick van Burik den Ukrainer Schewtschenko bewachen und Thomas Helmer war Bierhoff zugeordnet. Pal Dardai stopfte im Mittelfeld die Löcher und ackerte unermüdlich. Der Matchplan funktionierte und Hertha erarbeitete sich einige Chancen.

Vier Minuten vor dem Halbzeitpfiff verwandelte sich das Olympiastadion in einen tobenden Hexenkessel. Milans Luigi Sala unterlief in der eigenen Hälfte ein Abspielfehler, der schnelle und wendige Dariusz Wosz, in Berlin die „Zaubermaus“ genannt, nutzte den Fehler aus. Er eilte mit dem Ball am Fuß allein aufs Mailänder Tor zu und schaffte mit einem straffen Schuss das 1:0. „Das war schon gigantisch“, schwärmte der Torschütze später. Mailand kam mit neuem Elan aus der Kabine und Hertha musste eine lange Drangperiode der Mailänder überstehen. Der Norweger Kjetil Rekdal organisierte die Abwehr aber glänzend. Am Ende blieb es beim umjubelten 1:0-Erfolg.

Hertha: Kiraly, Rekdal, van Burik, Helmer, Deisler, Dardai (87. Sanneh), Sverrisson, Michalke, Wosz, Daei (70. Aracic), Preetz

Zuschauer: 75.000 im Berliner Olympiastadion

Tor: 1:0 Wosz (41.)

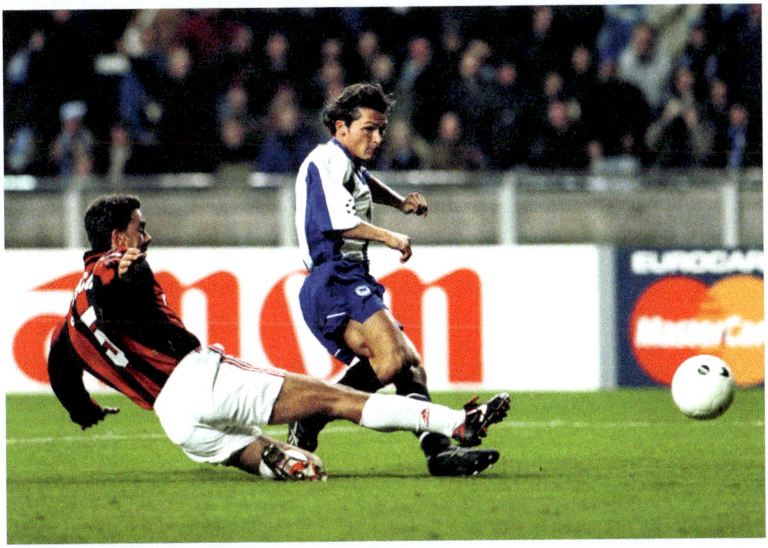

Dariusz Wosz auf dem Weg zum 1:0-Siegtreffer gegen den AC Mailand (imago/Team 2)

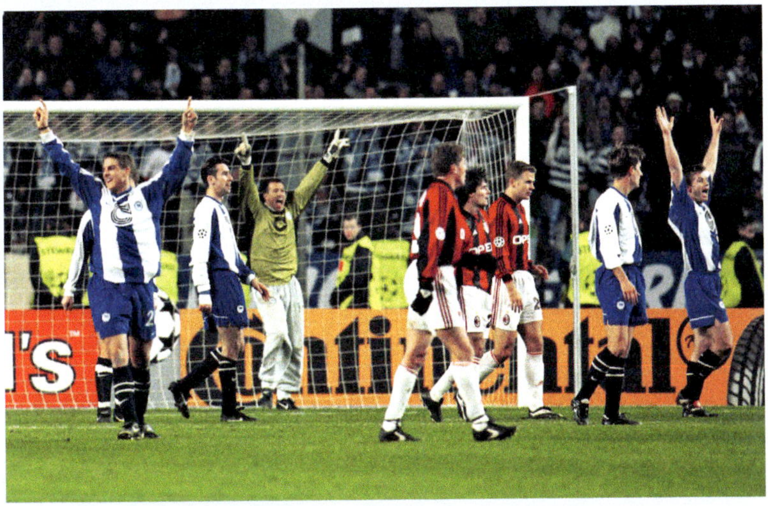

Deisler, Preetz, Kiraly und Helmer jubeln nach dem erlösenden Schlusspfiff; Bierhoff lässt den Kopf hängen (imago/Team 2)

Spitzenspiel im dichten Nebel

23. November 1999: Hertha BSC – FC Barcelona 1:1 (1:1)

Hertha hatte die erste Gruppenphase der Champions League überstanden und mit starken Leistungen für Aufsehen gesorgt. In der zweiten Gruppenphase war neben Sparta Prag und dem FC Porto der berühmte FC Barcelona der Gegner.

Doch die über 60.000 Fans, die sich auf die Stars der Katalanen freuten, bekamen nicht sehr viel zu sehen. Dichter Nebel war schuld. Grund für den Nebel war die nahe Havel im Umfeld des Olympiastadions. Durch den Temperaturunterschied zwischen der Havel (7 Grad) und der Luft (minus 4 Grad) bildete sich die Nebelschicht, die noch durch die Rasenheizung begünstigt wurde. Bei Barca waren u.a. die berühmten Profis Luis Figo, Patrick Kluivert, Frank und Ronald de Boer sowie der spätere Star-Trainer Pep Guardiola dabei. Referee Lewnikov pfiff die Partie an, obwohl auch die Sicht auf dem Rasen stark eingeschränkt war. Hertha trat couragiert auf und erspielte sich einige Chancen durch Andreas Thom und Dick van Burik. Barcelona aber nutzte einen Standard zur Führung. Ein kurz ausgeführter Eckball landete über Cocu bei Luis Enrique, der per Kopf traf. Es war Berlins Mittelfeld-Dribbler Dariusz Wosz der einen schönen Pass auf Kai Michalke schlug, der den Ball mit links zum 1:1 einschoss.

In der zweiten Halbzeit wurde der weiße durch einen roten Spielball ersetzt, aber der Nebel hatte sogar noch zugenommen. Viele Zuschauer tappten im Dunklen, konnten nur erahnen, was auf dem Rasen geschah. Barcelona spielte nun stärker auf, aber Gabor Kiraly, der Mann mit der langen grauen Schlabberhose im Tor der Hertha, hielt blendend. Schade, dass seine Taten für viele Beobachter unsichtbar blieben. Am Ende stand ein gerechtes Remis. Dieses Duell aber ging in die Klub-Geschichte als Herthas größtes Nebelspiel aller Zeiten ein.

Hertha: Kiraly, Rehmer (72. Veit), van Burik, Sverrisson, Konstantinidis, Thom, Schmidt, Michalke (87. Herzog), Wosz, Daei, Preetz

Zuschauer: 60.530 im Berliner Olympiastadion

Tore: 0:1 Enrique (14.), 1:1 Michalke (33.)

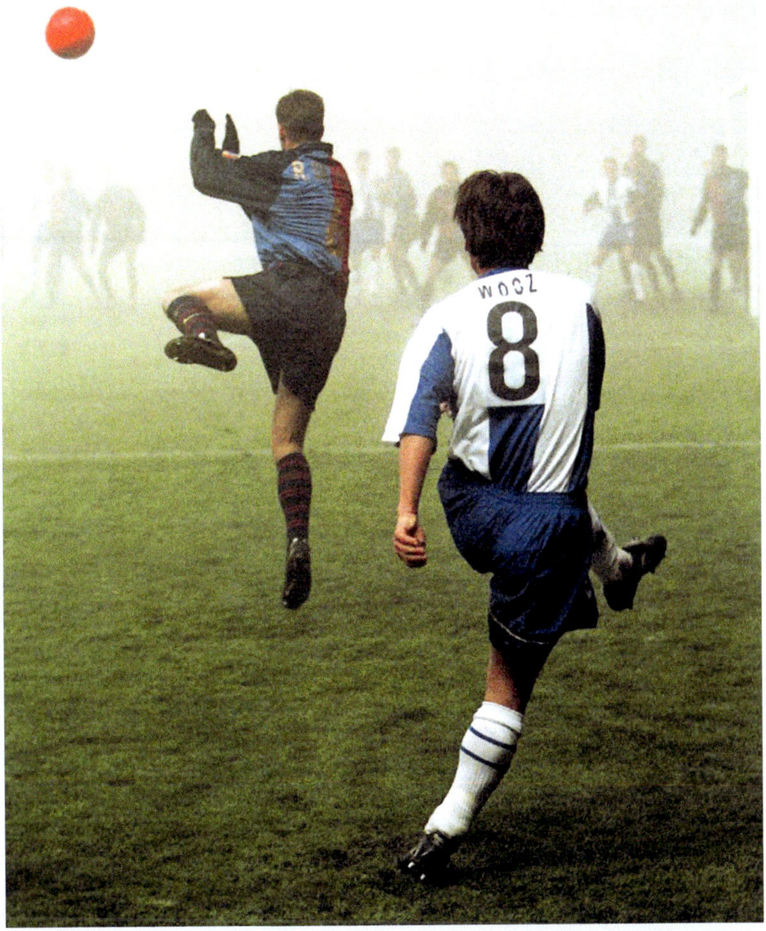

Dariusz Wosz, genannt die „Zaubermaus", beim Freistoß im berühmten Nebelspiel

(imago/WEREK)

Ohne Chance gegen die stürmischen Bayern

1. August 2000: Hertha BSC – Bayern München 1:5 (0:0)

Hertha war nach der Saison als Tabellenfünfter beim DFB-Ligapokal am Start und hatte den Hamburger SV (3:1) und Bayer Leverkusen (6:5 nach Elfmeterschießen) bezwungen. Im Endspiel des Wettbewerbs traf die Mannschaft in der BayArena von Leverkusen auf den Deutschen Meister Bayern München. Nach einer eher schwachen ersten Halbzeit, in der sich beide Mannschaften zurückhielten und es nur wenige Torchancen gab, wurden die Zuschauer mit einem Torfestival nach der Pause versöhnt. Vor allem die Münchner gefielen mit einer Dauer-Offensive, der Hertha nur wenig entgegen zu setzen hatte. Allein zwischen der 49. und der 61. Spielminute gab es vier Treffer zu bewundern. Dabei trumpfte bei den Bayern insbesondere Stürmer Alexander Zickler auf und präsentierte sich seinem Trainer Ottmar Hitzfeld in Hochform.

Beim 0:1 versetzte er Herthas Abwehrmann Josip Simunic und traf mit einem straffen Schuss, beim 1:4 krönte er einen Alleingang nach blitzschnellem Konter und beim 1:5 vollendete er einen schönen Angriff seiner Mannschaft nach Vorlage von Mehmet Scholl. Ein weiterer Münchner Treffer ging auf das Konto des bulligen Carsten Jancker. Dessen Distanzschuss wurde noch von Stefan Beinlich abgefälscht. Gabor Kiraly im Tor der Hertha war ohne Chance. Hinzu kam ein Eigentor des Isländers Jolly Sverrisson. Für Hertha traf Kai Michalke mit einem beherzten Schuss. Das Team von Trainer Jürgen Röber aber besaß in diesem Finale keine Chance gegen sehr starke Bayern.

Hertha: Kiraly, Rehmer (26. Sanneh), Simunic (55. Marques), Sverrisson, Deisler, Wosz, Beinlich (72. Veit), Dardai, Michalke, Daei, Preetz

Zuschauer: 12.500 in der BayArena Leverkusen

Tore: 0:1 Zickler (49.), 0:2 Jancker (53.), 0:3 Sverrisson (57. Eigentor), 1:3 Michalke (61.), 1:4 Zickler (67.), 1:5 Zickler (83.)

Alex Alves' Tor des Jahres

30. September 2000: Hertha BSC – 1. FC Köln 4:2 (3:2)

Dieses Duell gegen den 1. FC Köln wird allen Zuschauern, die im Stadion waren, für immer im Gedächtnis bleiben. Denn sie erlebten die größte sportliche Tat des Stürmers Alex Alves, dem ersten Brasilianer im Trikot der Hertha. Der Mann mit dem klangvollen Namen Alexandre Alves do Nascimento schaffte mit einer genialen und ebenso verrückten Idee einen Treffer, der zuerst zum „Tor des Monats September" gewählt wurde und später sogar zum „Tor des Jahres 2000". Alves ist bis heute der einzige Hertha-Profi, dem ein „Tor des Jahres" gelang.

Dabei begann das Spiel gegen Köln äußerst schlecht für Hertha BSC. Mit dem ersten ernsthaften Angriff der Gäste ging Köln durch Arveladze in Führung und wenig später verwandelte Dirk Lottner einen Foulelfmeter für Köln, als Hertha-Keeper Gabor Kiraly und Michael Hartmann den Kölner Miroslav Baranek in die Zange genommen hatten. Was danach passierte, glich einer Sensation, viele Fans hatten das Ereignis gar nicht richtig mitbekommen. Sie ärgerten sich noch über das 0:2 und diskutierten heftig. Beim Anstoß nach dem zweiten Kölner Treffer tippte Michael Preetz den Ball nur kurz an und Alex Alves donnerte das Leder vom Mittelkreis aus über das gesamte Feld bis ins Kölner Tor. Keeper Markus Pröll stand ein wenig zu weit vor dem Kasten und schaute dem Ball fassungslos hinterher. Alves hatte exakt aus 52,10 Metern Entfernung getroffen. Der Premiere-Reporter rief: „Ein verrücktes Tor! Was ist denn da los? Gibt es denn sowas? Alex Alves nicht zu glauben! Das Tor geht in die Geschichte der Liga ein. Wahnsinn!"

Preetz schaffte gegen verwirrte Kölner sofort den Ausgleich zum 2:2 und der starke Dariusz Wosz kurz vor und nach der Pause zum 3:2 und 4:2. Ein Spiel, das unvergessen bleibt.

Hertha: Kiraly, Rehmer (46. Sverrisson), Tretschok, van Burik, Schmidt, Beinlich, Deisler, Hartmann, Wosz (78. Veit), Alves (81. Daei), Preetz

Zuschauer: 37.714 im Berliner Olympiastadion

Tore: 0:1 Arveladze (23.), 0:2 Lottner (28. Elfmeter), 1:2 Alves (29.), 2:2 Preetz (30.), 3:2 Wosz (45.), 4:2 Wosz (46.)

Liga-Pokal

Der erste Titel nach 70 Jahren

21. Juli 2001: Schalke 04 – Hertha BSC 1:4 (1:2)

Zum zweiten Mal in Folge war Hertha ins Endspiel des DFB-Ligapokals eingezogen. Der Wettbewerb erlebte seine sechste Auflage. Nach der 1:5-Finalniederlage gegen Bayern München im Sommer 2000 sollte es nun klappen mit einem Titel nach 70 Jahren Abstinenz, als Hertha 1931 Deutscher Meister geworden war. Auf dem Weg ins Endspiel hatten die Berliner zuerst Bayer Leverkusen in Dessau mit 2:1 bezwungen und im Halbfinale, das in Augsburg ausgetragen wurde, den FC Bayern mit 1:0 besiegt. Torschütze: Michael Preetz.

Nun ging es eine Woche vor dem Start in die neue Spielzeit 2001/2002 gegen den alten Rivalen Schalke 04. Die Männer aus dem Ruhrpott kamen als Vizemeister und DFB-Pokalsieger nach Mannheim und galten als Favorit. Schalkes Abwehrmann Tomasz Waldoch unterlief ein Eigentor zum 0:1 für Hertha. Die Berliner spielten befreit auf und erarbeiteten sich viele gute Chancen. Die beiden Brasilianer Marcelinho und Alex Alves trafen mit schönen Toren. Zwischenzeitlich hatte der Schalker Jörg Böhme, ein schussgewaltiger Mann, das 1:2 erzielt. Nach der Pause war Schalke um eine Resultatsverbesserung bemüht, aber Hertha dominierte weiter das Geschehen und Michael Hartmann gelang gar der Treffer zum 1:4-Endstand. Hertha hatte seine Ambitionen auf einen Spitzenplatz in der Liga untermauert und den ersten kleinen Titel nach über 70 Jahren errungen. Außer der Bergkristall-Trophäe gab es einen Scheck in Höhe von umgerechnet 1,3 Millionen Euro.

Hertha: Kiraly, Rehmer, Konstantinidis, Simunic, Hartmann (88. Marx), Beinlich, Neuendorf, Deisler (63. Dardai), Marcelinho, Alves (82. Goor), Preetz

Zuschauer: 12.000 im Carl-Benz-Stadion Mannheim

Tore: 0:1 Waldoch (24. Eigentor), 0:2 Marcelinho (29.), 1:2 Böhme (40.), 1:3 Alves (66.), 1:4 Hartmann (84.)

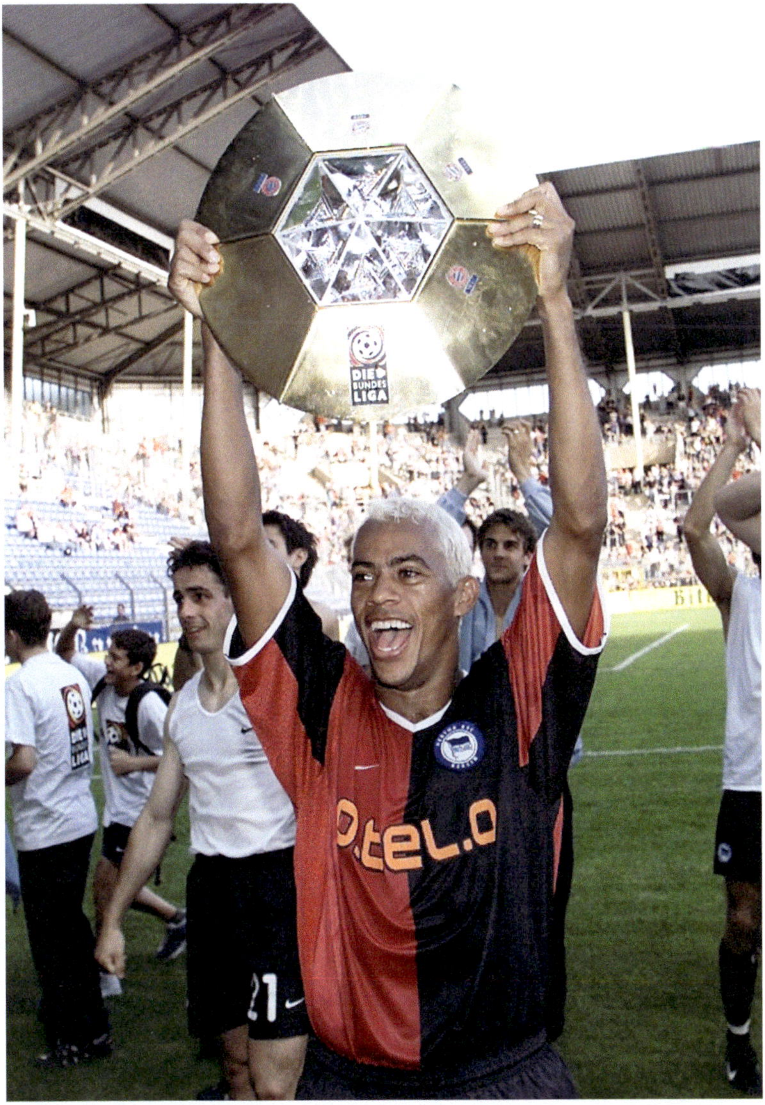

Vielleicht Herthas bester Fußballer: Der Brasilianer Marcelinho mit dem Liga-Pokal im Jahr 2001; links Michael Hartmann (imago/Pressefoto Baumann)

Dardai und die Weltpokalsiegerbesieger

2. Dezember 2001: Hertha BSC – Bayern München 2:1 (0:0)

Als die Bayern im Dezember 2001 ins Olympiastadion kamen, konnten wegen der umfangreichen Bauarbeiten in der Arena, die fit gemacht werden musste für die Weltmeisterschaft 2006, nur 52.000 Zuschauer das Duell erleben. Mit dieser Anzahl an Fans war das Stadion damals ausverkauft. Mehr ging nicht auf der riesigen Baustelle. Der FC Bayern hatte wenige Monate zuvor zum ersten Mal die Champions League im Finale gegen den FC Valencia gewonnen und war auch Weltpokalsieger geworden. Eine zusätzliche Herausforderung für Gastgeber Hertha BSC.

Herthas Anhang sah einen großen Kampf ihrer Mannschaft, die Wille, Laufbereitschaft und Teamgeist zeigte, um dem Favoriten Paroli bieten zu können. Die Bayern gingen aber durch den ehemaligen Herthaner Niko Kovac unmittelbar nach der Pause in Führung. Es war Andreas „Zecke" Neuendorf, der für den Holländer Rob Maas eingewechselt worden war, dem der Ausgleich zum 1:1 gelang. Das Spiel wogte hin und her, ehe Pal Dardai, damals 25 Jahre jung, den umjubelten Siegtreffer zum 2:1 erzielte. Er traf mit einem Schuss unter die Latte in der 84. Minute. „Es war ein überragender Bewegungsablauf für einen Sechser wie mich", erzählte der Ungar später.

Als er nach dem Sieg in den VIP-Raum im Bauch des Stadions kam, „konnte ich nicht glauben, was geschah", so Dardai. „Die Menschen waren aufgestanden und haben mir applaudiert. Das war total neu für mich und mir fast ein wenig peinlich." Kurios: Ende 1999 hatte Dardai ein lukratives Angebot des FC Bayern abgelehnt.

Hertha: Fiedler, Schmidt (69. Daei), van Burik, Simunic, Sverrisson, Maas (62. Neuendorf), Dardai, Tretschok (90. Lapaczinski), Goor, Marcelinho, Preetz

Zuschauer: 52.000 im Berliner Olympiastadion

Tore: 0:1 Kovac (46.), 1:1 Neuendorf (71.), 2:1 Dardai (84.)

Erstes Achtungszeichen von Lucien Favre

6. Dezember 2001: Hertha BSC – Servette Genf 0:3 (0:1)

Im Ucfa-Pokal hatte Hertha in den ersten beiden Runden KVC Westerlo aus Belgien und Viking Stavanger aus Norwegen ausgeschaltet und traf in Runde drei auf den Schweizer Vertreter Servette Genf. Servette wurde vom ehemaligen Schweizer Nationalspieler Lucien Favre trainiert. Im Hinspiel im Stadion Les Chamilles trennten sich beide Teams 0:0, eigentlich eine gute Ausgangsposition für die leicht favorisierten Berliner. In der Liga hatte das Team von Trainer Jürgen Röber vier Tage vor dem Rückspiel gegen Genf den FC Bayern mit 2:1 besiegt. Was sollte da gegen die Schweizer schiefgehen?

Es ging schief und zwar gewaltig. Zwar begann Hertha dominant, aber Servette befreite sich immer mehr mit einigen schönen Kombinationen. Hilton traf per Kopf überraschend zum 0:1 und danach konnte der Holländer Dick van Burik Servette-Stürmer Alexander Frei, der trotz Nasenbeinbruch spielte, nur per Notbremse stoppen und bekam dafür die Rote Karte gezeigt. Gegen zehn Berliner spielten die Schweizer clever auf und nutzten ihre Chancen. Kurz nach der Pause schaffte Frei das 0:2 und nach einem Freistoß an die Latte verwertete Obradovic den Abpraller per Kopf zum 0:3. Die knapp 10.000 Zuschauer, die bei nasskaltem Wetter ins unwirtliche Olympiastadion gekommen waren, zeigten sich arg enttäuscht. Hertha war sang- und klanglos aus dem Wettbewerb ausgeschieden. Manager Dieter Hoeneß war dennoch angetan vom starken Auftritt der Männer aus Genf. „Seit diesem Spiel habe ich Trainer Lucien Favre im Auge behalten", erzählte Hoeneß Jahre später. 2007 verpflichtete er Favre als Cheftrainer von Hertha BSC.

Hertha: Fiedler, Schmidt (46. Daei), van Burik, Simunic, Sverrisson, Dardai, Maas, Tretschok (67. Neuendorf), Goor, Marcelinho (72. Lapaczinski), Preetz

Zuschauer: 9.500 im Berliner Olympiastadion

Tore: 0:1 Hilton (17.), 0:2 Frei (49.), 0:3 Obradovic (70.)

Rote Karte: van Burik (18.)

Das Aus für Jürgen Röber

5. Februar 2002: Energie Cottbus – Hertha BSC 1:0 (0:0)

Es war kein schönes Fußballspiel im Stadion der Freundschaft zu Cottbus, einer engen Arena, die ihrem Namen oft wenig Ehre machte, weil es in Cottbus meist ruppig und rustikal auf dem Rasen zuging. Das war auch im Duell gegen Hertha BSC der Fall, das nur deshalb in die Historie einging, weil es das letzte Spiel für Trainer Jürgen Röber auf der Bank der Hertha wurde. Nach einer 0:4-Niederlage im Oktober 2001 beim Hamburger SV und dem sang- und klanglosen Ausscheiden im Dezember im UEFA-Cup gegen Servette Genf (0:0 und 0:3) hatte Hertha eine Mitteilung verbreitet. Es hieß, der Vertrag von Röber wird im Juni 2002 nicht verlängert. Schon im Januar 2002 hatte Manager Dieter Hoeneß in dem Holländer Huub Stevens den Nachfolger publik gemacht. Ein ungewöhnlicher Vorgang. Röber war also ein Trainer auf Abruf.

Das 20-Uhr-Spiel an einem Dienstagabend in Cottbus begann mit Verspätung, weil beide Fanlager Bengalisches Feuer gezündet hatten. Und nach vier Minuten musste Referee Jansen das Match erneut für sieben Minuten unterbrechen, weil im Fanblock von Energie Feuer ausgebrochen war. Viele Chancen erspielten sich beide Teams nicht, Hertha war in der zweiten Halbzeit die bessere Mannschaft, kam aber nicht zu großen Torgelegenheiten. Als die Zuschauer schon mit einem torlosen Remis rechneten, schlug der Bosnier Marko Topic fünf Minuten vor dem Abpfiff zu. Dick van Burik hatte den Ball nicht weit genug aus dem eigenen Strafraum gebracht, das Leder landete bei Topic und sein straffer Schuss war unhaltbar für Christian Fiedler.

Noch auf der Rückfahrt nach Berlin wurde die Trennung von Jürgen Röber beschlossen. Falko Götz und Andreas Thom übernahmen bis Saisonende die Mannschaft, ehe Huub Stevens Cheftrainer wurde. Jürgen Röber aber hatte eine erfolgreiche Ära geprägt und 157 Mal die Mannschaft dirigiert. Er war mit Hertha aufgestiegen und hatte das Team bis in die Champions League geführt. Bis heute ist er einer der beliebtesten Hertha-Trainer geblieben.

Hertha: Fiedler, Schmidt, van Burik, Sverrison, Rehmer (46. Simunic), Goor, Maas, Tretschok (86. Preetz), Beinlich, Daei, Marcelinho (60. Alves)

Zuschauer: 15.600 im Stadion der Freundschaft Cottbus

Tor: 1:0 Topic (85.)

Die große Show des Belgiers Bart Goor

10. März 2002: Hertha BSC – Hamburger SV 6:0 (2:0)

Nachdem Falko Götz Anfang Februar den Posten des Cheftrainers vom nach einem 0:1 bei Energie Cottbus entlassenen Jürgen Röber übernommen hatte – allerdings nur bis Saisonende, weil Huub Stevens bereits als neuer Chef für die Spielzeit 2002/03 feststand – zeigte Hertha offensiven und erfolgreichen Fußball. Der Trainerwechsel hatte sofort einen positiven Effekt, was ja nicht immer der Fall ist.

Vor dem Duell gegen den Hamburger SV hatte die Mannschaft drei Siege und ein Remis erzielt. Auch gegen den HSV sollte die Siegesserie weitergehen – und das beeindruckend. Bevor Michael Preetz das 1:0 schoss, hatte Alex Alves eine große Chance vergeben und der 20-jährige Thorben Marx traf nur den Pfosten. Preetz hatte einen abgeprallten Kopfball des Belgiers Bart Goor über die Linie gedrückt. Goor war es, der unmittelbar vor der Pause HSV-Torhüter Martin Pieckenhagen umkurvte und zum 2:0 einschoss. Doch die große Show des Mannes, der 2001 für 6,25 Millionen Euro Ablöse vom RSC Anderlecht zur Hertha gekommen war, sollte erst noch beginnen. Nachdem der Brasilianer Marcelinho das 3:0 erzielt hatte, war es nur noch Goor, der wie entfesselt aufspielte und beinahe nach Belieben traf. Er schaffte einen lupenreinen Hattrick. Goor ließ die Abwehrspieler des HSV oft wie Statisten aussehen. Sie irrten teilweise hilflos über den Platz.

Vier Tore in einem Bundesligaspiel für Hertha schafften zuvor nur drei Profis: Wolfgang Gayer, Lorenz Horr und Erich Beer. Das 6:0 gegen den Hamburger SV gehört zu den höchsten Siegen der Hertha in der Liga.

Hertha: Kiraly, Lapaczinski, van Burik, Simunic, Marx (77. Konstantinidis), Dardai, Beinlich (83. Tretschok), Marcelinho, Alves, Preetz, Goor

Zuschauer: 36.238 im Berliner Olympiastadion

Tore: 1:0 Preetz (40.), 2:0 Goor (44.), 3:0 Marcelinho (54.), 4:0 Goor (62.), 5:0 Goor (85.), 6:0 Goor (90.)

Hertha do Brasil

1. August 2002: Schalke 04 – Hertha BSC 1:4 (0:2)

In der siebten Auflage des DFB-Ligapokals hatte Hertha zum dritten Mal in Serie das Endspiel erreicht. In der Neuauflage des Finals von 2001 traf die Mannschaft wieder auf den alten Rivalen Schalke 04. Und auch dieses Mal siegte Hertha mit 4:1. Der Trainer hieß nun Huub Stevens.

Die Berliner hatten zuvor auf dem Weg ins Endspiel härteste Konkurrenz ausgeschaltet. Am Tag, als der Verein 110 Jahre alt wurde, besiegte Hertha im Erzgebirgsstadion von Aue den FC Bayern München mit 6:5 nach Elfmeterschießen. Manager Dieter Hoeneß war nach der Vorstellung des prominenten Zugangs, des brasilianischen Weltmeisters von 2002, Luizao, mit dem Angreifer zusammen im Hubschrauber von Berlin ins Erzgebirge geflogen, damit der Neue sein Team sofort live erleben konnte. Im Halbfinale, dass im Jenaer Ernst-Abbe-Sportfeld stattfand, schlug Hertha Borussia Dortmund mit 2:1 nach zwei Treffern von Alex Alves.

Das Endspiel in Bochum fand drei Tage nach der Saisoneröffnung der Hertha statt, zu der stattliche 30.000 Anhänger aufs Maifeld am Olympiastadion gekommen waren. Die Mannschaft nahm den Schwung dieses Festes mit ins Finale. Der Brasilianer Alves traf auch im Endspiel gegen Schalke einmal und freute sich zudem über zwei Tore seines Landsmannes Marcelinho. Den vierten Treffer gegen an diesem Tag überforderte Schalker steuerte Roberto Pinto bei. Später titelten die Zeitungen in Berlin: „Hertha do Brasil" oder „Das Samba-Ballett".

Hertha: Kiraly, Schmidt (73. Marx), Friedrich, Simunic, Hartmann, Karwan (79. Pinto), Maas, Neuendorf (67. Tretschok), Marcelinho, Alves, Goor

Zuschauer: 12.000 im Ruhrstadion Bochum

Tore: 0:1 Marcelinho (32.), 0:2 Alves (33.), 1:2 Agali (61.), 1:3 Marcelinho (84. Elfmeter), 1:4 Pinto (89.)

Pokal-Blamage in Kiel

1. September 2002: Holstein Kiel – Hertha BSC 4:1 (1:1, 1:1, 1:0) n. Elfmeterschießen

In der ersten Runde des DFB-Pokals traf Hertha auf den Regionalligisten, damals Drittligisten, Holstein Kiel. Der Holländer Huub Stevens war als neuer Cheftrainer erst einige Wochen im Amt und hatte den Außenseiter aus dem hohen Norden gleich durch drei Scouts mehrmals beobachten lassen. Er wollte gegen den vermeintlich „Kleinen" auf Nummer sicher gehen. Doch seine Spieler brachten in der ersten Halbzeit nicht viel zustande, agierten sehr ineffektiv, vergaben die wenigen guten Chancen.

Als Holstein seine anfängliche Ehrfurcht ablegte, kamen die Gastgeber sogar zum 1:0 durch Rose. Wenig später musste Nationalspieler und Vizeweltmeister Marko Rehmer, der gerade erst von einer Verletzung genesen war, den Platz mit einer blutenden Kopfwunde verlassen. Er hatten den Ellenbogen eines Kielers ins Gesicht bekommen und musste genäht werden. Michael Preetz gelang das 1:1 und Hertha nahm endlich den Kampf an, ohne überzeugen zu können.

In der Verlängerung kam es zu einem offenen Schlagabtausch. Beim Elfmeterschießen aber wuchs Kiels Torhüter Manuel Greil, der pikanterweise einst in der Jugend – auch in der U19 – bei Hertha spielte, über sich hinaus. Während alle drei Schützen von Holstein souverän trafen, versagten die Berliner Profis vom Punkt. Greil hielt die Strafstöße von Roberto Pinto und Michael Hartmann. Andreas Schmidt traf nur die Latte des Kieler Tores. Hertha hatte sich blamiert und war in Runde eins aus dem Pokalwettbewerb geflogen.

Hertha: Kiraly, Rehmer (46. A. Schmidt), Friedrich, Simunic, Hartmann, Maas (63. Dardai), Karwan, Marcelinho, Goor, Luizao (70. Pinto), Preetz

Zuschauer: 9.300 im Holstein-Stadion Kiel

Tore: 1:0 Rose (44.), 1:1 Preetz (53.)

Elfmeterschießen: 2:1 Guscinas, Kiel-Keeper Greil hält gegen Pinto, 3:1 Trulsen, Schmidt trifft die Latte, 4:1 Rose, Greil hält gegen Hartmann

Freundschaftsspiel

Zwei Ikonen beim Abschied gefeiert

27. Juli 2003: Hertha BSC – Galatasaray Istanbul 4:1 (3:1)

Sechs Tage vor Beginn der Saison 2003/04 organisierte Hertha BSC das bislang einzige Abschiedsspiel für verdienstvolle Profis. Torjäger Michael Preetz und Abwehrmann Eyjölfur Sverrisson, die sich beide enorme Verdienste erworben hatten, absolvierten ihren letzten Auftritt im blau-weißen Trikot. Testgegner war der vielmalige türkische Meister Galatasaray Istanbul. 30.000 Fans waren ins Olympiastadion gekommen, um die beiden Herthaner würdig zu verabschieden. Kurz vor der Halbzeit gab es eine schöne Szene: Stürmer Preetz, mit 84 Treffern der Rekordtorschütze des Vereins, legte den Ball quer auf Jolly Sverrisson, der zum umjubelten 3:1 einschob. Als Trainer Huub Stevens beide Protagonisten in der 49. Minute auswechselte und auf eine Ehrenrunde schickte, standen die 30.000 auf und begleiteten Preetz und Sverrisson mit tosendem Beifall. Preetz schnappte sich ein Mikrofon und rief: „Das ist der richtige Tag, um Tschüss zu sagen. Vielen Dank Berlin! Vielen Dank Hertha! Danke für unvergessene Jahre!" Preetz war lange Kapitän und Anführer der Mannschaft.

Der isländische Nationalspieler Sverrisson, der zuerst als Stürmer, aber später als eisenharter Verteidiger agierte, gehörte wegen seiner Bodenständigkeit und seines großen Einsatzes zu den Publikumslieblingen in Berlin. Er rief ins Mikrofon: „Ick war ein Berliner! Ick bleibe immer ein Herthaner!"

2017 gab es im Olympiastadion ein Abschiedsspiel für den Brasilianer Marcelinho. Das organisierte der einstige Hertha-Held aber mit Hilfe einer Agentur in Eigenregie.

Hertha: Kiraly, Schmidt, van Burik (37. Madlung), Simunic, Hartmann, Marx (69. Neuendorf), Dardai, Marcelinho (64. Goor), Kovac (82. Luizao), Sverrisson (49. Wichniarek), Preetz (49. Bobic)

Zuschauer: 30.000 im Berliner Olympiastadion

Tore: 1:0 Korkmaz (3. Eigentor), 2:0 Marcelinho (15.), 2:1 Karan (23.), 3:1 Sverrisson (41.), 4:1 Wichniarek (78.)

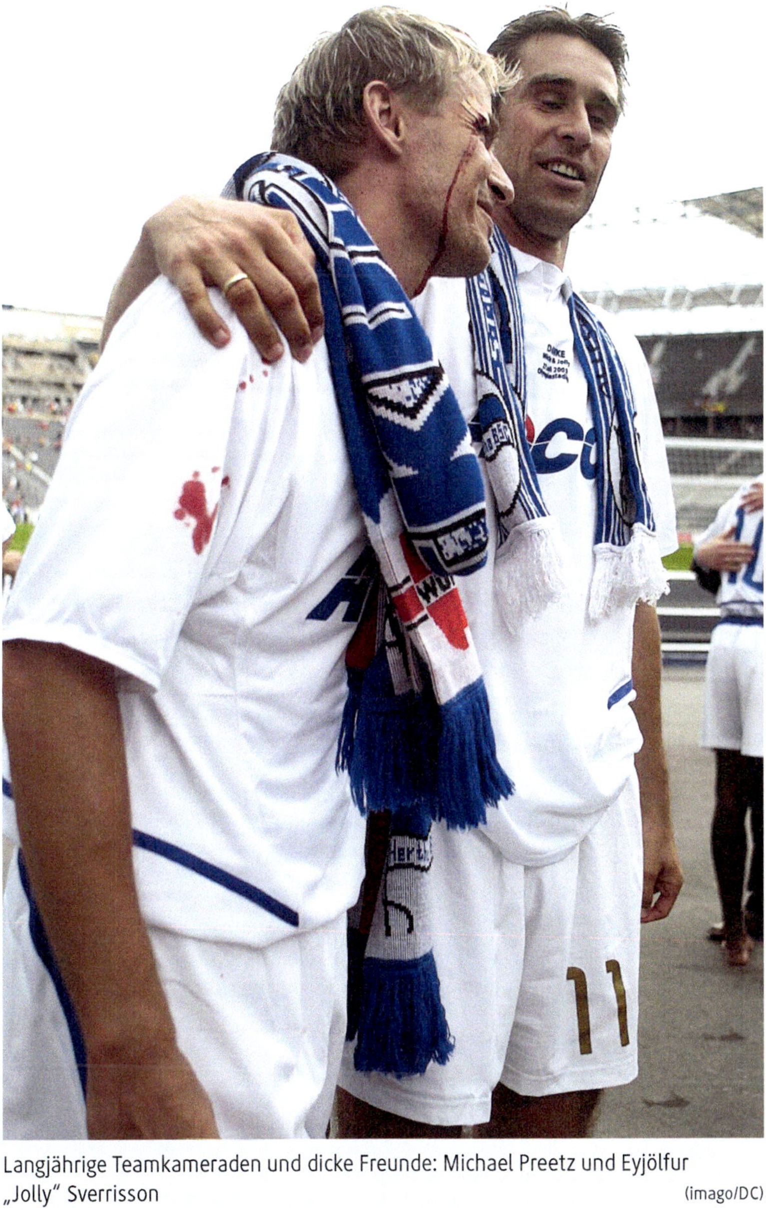

Langjährige Teamkameraden und dicke Freunde: Michael Preetz und Eyjölfur „Jolly" Sverrisson (imago/DC)

Drama mit Happyend

28. Oktober 2003: Hansa Rostock- Hertha BSC 5:6 (2:2, 1:1, 0:1) n.E.

Die Bundesliga-Saison 2003/04 hatte für Hertha mit einem Fehlstart begonnen. Im Uefa-Pokal blamierte sich das Team von Cheftrainer Huub Stevens beim polnischen Provinzverein Groclin Grodzisk und war ausgeschieden (0:0, 0:1). In der Liga fiel Hertha gar auf einen Abstiegsplatz zurück. Im Oktober kam es zu einer grotesken Situation. Nachdem Hertha nach einem 1:4 gegen Bayer Leverkusen auf den letzten Tabellenplatz zurückgefallen war, stellte Manager Dieter Hoeneß seinem Trainer Stevens ein Ultimatum. Stevens musste die beiden folgenden Spiele gewinnen, um im Amt zu bleiben. Die Ansetzungen wollten es, dass Hertha binnen weniger Tage zweimal zum FC Hansa Rostock reisen musste – zuerst in der Liga, danach im DFB-Pokal. Der Druck auf Stevens war ins Unermessliche gestiegen. Das Ligaspiel gewann Hertha nach einem Treffer von Luizao mit 1:0. Drei Tage später spielte sich ein unglaubliches Drama im Pokal ab. Herthas Führung – wieder durch den Brasilianer Luizao – glich Hansa durch Lantz aus. Der traf auch in der Verlängerung sogar zur 2:1-Führung (111.). Zu diesem Zeitpunkt war Stevens entlassen. In der letzten Aktion des Duells gelang Nando Rafael das umjubelte 2:2 in der 120. Minute. Drama und Hektik pur. Was danach im Elfmeterschießen geschah, war an Emotionen kaum zu überbieten. Als Hertha-Keeper Gabor Kiraly den entscheidenden Strafstoß pariert hatte, explodierten die Gefühle bei allen Herthanern. Stevens tanzte mit Hoeneß auf dem Rasen. In der Kabine sollen alle Spieler und der Trainer jämmerlich geweint haben – so groß war der Druck. Das Duell im Ostseestadion gilt als eines der dramatischsten Spiele der Vereinsgeschichte.

Hertha: Kiraly, Friedrich, Rehmer, Simunic, Schmidt, Kovac, Dardai (113. Mladenow), Goor, Marcelinho, Bobic (91. Wichniarek), Luizao (75. Nando Rafael)

Zuschauer: 10.100 im Ostseestadion Rostock

Tore: 0:1 Luizao (19.), 1:1 Lantz (63.), 2:1 Lantz (111.), 2:2 Nando (120.)

Elfmeterschießen: 2:3 Simunic, 3:3 Rydlewicz, 3:4 Mladenow, Kiraly hält gegen Max, Schober hält gegen Schmidt, 4:4 Lantz, 4:5 Kovac, Persson drüber, Marcelinho daneben, 5:5 Tijkuzu, 5:6 Wichniarek, Kiraly hält gegen Plassnegger

Im Auge des Orkans – Aus für Stevens

3. Dezember 2003: Werder Bremen – Hertha BSC 6:1 (3:0)

Nach den beiden Erfolgen in Serie beim FC Hansa Rostock in Liga und im DFB-Pokal hatte Herthas Cheftrainer Huub Stevens das ungewöhnliche und umstrittene Ultimatum von Manager Dieter Hoeneß (nur bei den beiden Siegen durfte er im Amt bleiben) erfüllt. Aber in der Bundesliga lief es nach dem dramatischen Sieg im DFB-Pokal in Rostock schlecht und die Mannschaft fand sich in der Abstiegszone wieder. Mit diesen negativen Erlebnissen im Rücken musste Hertha im Achtelfinale des Pokalwettbewerbs zu Werder Bremen reisen.

Dort kam es zu einem Debakel. Das Team war nur ein Spielball der Gastgeber. Stevens hatte Mladenow und Madlung auf die Bank beordert und Stürmer Fredi Bobic musste aus disziplinarischen Gründen sogar zu Hause bleiben. Luizao fehlte wegen einer Zerrung. So blieb Artur Wichniarek der einzige Stürmer, aber völlig wirkungslos. Es war Werders Ivan Klasnic, den Herthas Abwehr nicht in den Griff bekam. Er erzielte vor der Pause zwei Treffer. Bremen war spielerisch und technisch klar überlegen und die völlig verunsicherte Hertha fügte sich nach der Pause schnell ihrem Schicksal. Werder fegte über die Stevens-Mannschaft hinweg und die Berliner Zeitung titelte: „Im Auge des Orkans". Nach der 1:6-Pleite blockierten einige Hertha-Fans den Berliner Mannschaftsbus. Noch in der Nacht nach dem Spiel war die Entscheidung gefallen und der Holländer Huub Stevens wurde entlassen. Als Notlösung übernahm Andreas Thom das Team.

Hertha: Kiraly, Friedrich, van Burik, Rehmer, Goor, Kovac (54. Schmidt), Dardai (46. Pinto), Lapaczinski, Marcelinho, Nando Rafael (80. Neuendorf), Wichniarek

Zuschauer: 22.100 im Bremer Weserstadion

Tore: 1:0 Klasnic (19.), 2:0 Micoud (26.), 3:0 Klasnic (37.), 4:0 Ismael (47.), 5:0 Ailton (78.), 6:0 Charisteas (85.), 6:1 Marcelinho (89.)

Rettung dank Hans Meyer

15. Mai 2004: 1860 München – Hertha BSC 1:1 (1:0)

Hertha hatte in der Saison 2003/04 von Beginn an Sorgen und schwebte in Abstiegsgefahr. Zuerst war Huub Stevens als Cheftrainer entlassen worden, Andreas Thom hatte übernommen und das Team in drei Spielen angeleitet. Am 1. Januar 2004 wurde der erfahrene Hans Meyer als Retter in höchster Not bis Saisonende verpflichtet. Bei dessen ersten Training pilgerten 2000 Fans aufs Hertha-Gelände – Rekord. Doch die Mannschaft konnte sich nicht entscheidend aus der Abstiegszone befreien. Als das Team am 33. Spieltag zu 1860 München reisen musste, war klar: Ein Remis würde für den Klassenerhalt reichen. Aber auch 1860 kämpfte gegen den Abstieg.

München begann druckvoller als Hertha und als Arne Friedrich einen Flankenball unterlief, köpfte Costa schon nach sechs Minuten zum frühen 1:0 ein. Hertha kam lange Zeit nicht zur Entfaltung. Es dauerte bis zur 82. Minute, ehe der so wichtige Ausgleichstreffer fiel. Einen Freistoß von Marcelinho köpfte der wuchtige Alexander Madlung ein. Eine oft gesehene Kombination der beiden Profis.

Doch die Dramatik stieg noch einmal ins beinahe Unerträgliche. Arne Friedrich hatte Münchens Martin Stranzl leicht gefoult. Elfmeter entschied Schiedsrichter Stefan Trautmann sofort. Das passierte in der 89. Minute! Der Klassenerhalt schien vorerst dahin und auf den letzten Spieltag verschoben. Aber Schütze Francis Kioyo jagte den Ball links am Tor vorbei. Hertha-Keeper Christian Fiedler schlug vor Erleichterung mit den Fäusten auf den Rasen. Wenig später war Schluss und Hertha gerettet. „Danke, Hans!" stand auf den Trikots, die sich Herthas Spieler überzogen.

Hertha: Fiedler, Friedrich, Madlung, Simunic, Cagara, Dardai (77. Rehmer), Schmidt (53. Neuendorf), Marcelinho, Pinto, Wichniarek (73. Nando Rafael), Bobic

Zuschauer: 48.000 im Münchner Olympiastadion

Tore: 1:0 Costa (6.), 1:1 Madlung (82.)

Kioyo vergibt in der 89. Minute einen Elfmeter für 1860.

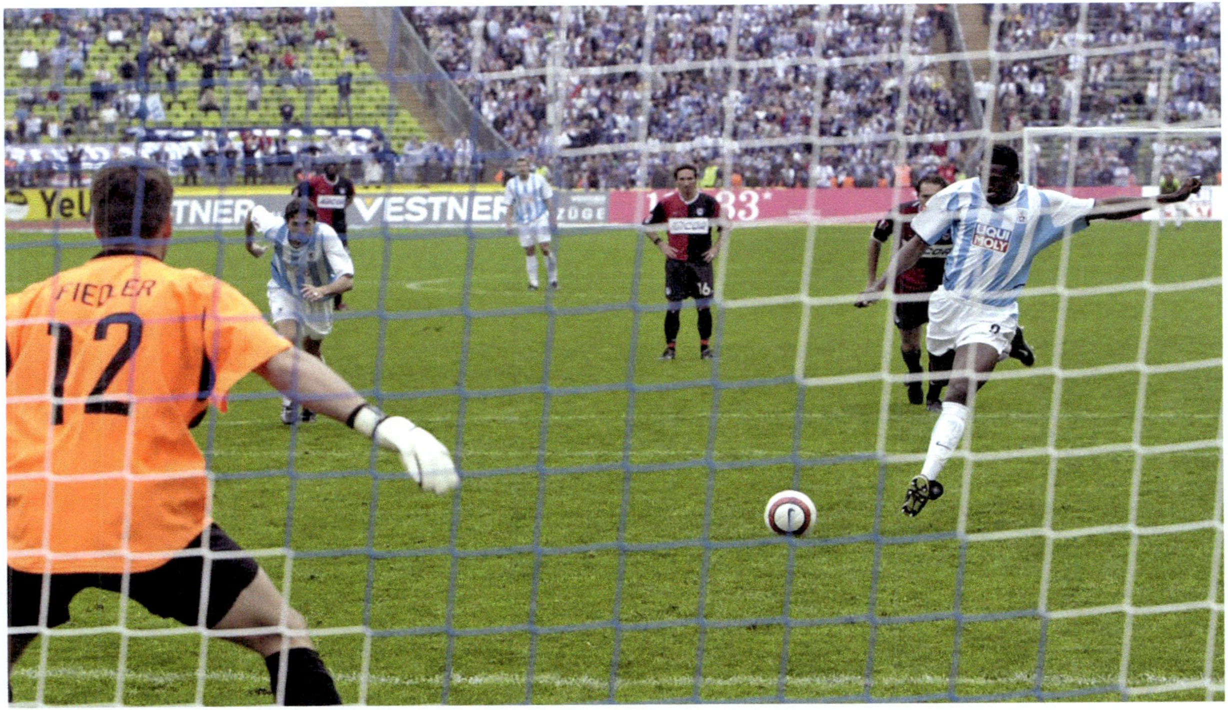

Francis Kioyo (1860) verschießt kurz vor Abpfiff einen entscheidenden Elfmeter; Hertha-Keeper Christian Fiedler muss nicht eingreifen (imago/Plusphoto)

Die Königsklasse knapp verpasst

21. Mai 2005: Hertha BSC – Hannover 96 0:0

Hertha hatte unter Trainer Falko Götz eine gute Saison gespielt und besaß am letzten Spieltag die große Chance, nach 1999 zum zweiten Mal die Qualifikation zur Champions League zu schaffen. Ein Sieg – egal in welcher Höhe – gegen Hannover 96 hätte gereicht, um das große Ziel zu erreichen. Die 74.500 Zuschauer in der Arena waren bestens gelaunt und in Feierstimmung. Viele träumten schon von den namhaften Gegnern, die nach Berlin kommen würden, andere von den Millionen, die der Klub einnehmen könnte. Die Mannschaft rannte dann die gesamten 90 Minuten Richtung Tor der Gäste, die ein unglaubliches Abwehrbollwerk aufgebaut hatten. 96-Trainer Ewald Lienen hatte tatsächlich „Beton" angerührt.

Hertha begann aggressiv, blieb aber meist in Höhe des Strafraums von Hannover hängen. Die beste Chance vergab Yildiray Bastürk nach 67 Minuten, als sein straffer Schuss knapp am Pfosten vorbeirauschte. Hannover igelte sich immer mehr ein und ließ wenig Raum für die Berliner Angreifer. Manchmal ähnelte das Spiel einem Handball-Match, an dem die angreifende Mannschaft rings um den Abwehrkreis des Gegners agierte, aber kein Schlupfloch fand. Die Brasilianer Gilberto und Marcelinho, später auch die eingewechselten Wichniarek und Madlung, scheiterten immer wieder an einem 96er-Profi. Es war zum Verzweifeln. Die Fans wurden unruhig, wollten den erlösenden Treffer am liebsten herbeischreien. Ein einziges Tor hätte gereicht, um in die Königsklasse einzuziehen. Es fiel nicht. Hertha landete auf Platz 4 und erreichte immerhin den UEFA-Pokal.

Hertha: Fiedler, Friedrich, van Burik, Simunic (73. Reina), Fathi (60. Wichniarek), Kovac, Bastürk, Neuendorf, Gilberto, Marcelinho, Nando Rafael (65. Madlung)

Zuschauer: 74.500 im Berliner Olympiastadion

Tore: Fehlanzeige

Freundschaftsspiel

Rekordsieg – Tore im Minutentakt

7. Oktober 2005: Viktoria Jüterbog – Hertha BSC 2:30 (0:14)

Hertha absolvierte im Sommer und im Herbst 2005 unter Trainer Falko Götz zahlreiche Freundschaftsspiele im In- und Ausland und auch in der Region Berlin-Brandenburg. Oft gab es hohe Siege gegen unterklassige Gegner. Für diese Mannschaften stellten diese Duelle gegen den Bundesligisten einen absoluten Höhepunkt dar. So gewann das Team etwa bei Einheit Königs Wusterhausen mit 17:0 (7:0), beim Teltower FV mit 6:0 (2:0) oder bei CFC Hertha 06 mit 16:1 (7:0).

Den bislang höchsten Sieg in einem Freundschaftsspiel aber gab es bei der Begegnung gegen Viktoria Jüterbog. In Herthas Partnerstadt Jüterbog (13.000 Einwohner) schaffte das Team gegen den Siebtligisten aus der Landesklasse Ost ein 30:2 (14:0). Die 1.500 Zuschauer kamen auf ihre Kosten – bejubelten immerhin zwei Tore ihrer Mannschaft und bestaunten die ehrgeizigen und treffsicheren Profis aus Berlin.

Hertha: Tremmel, Bieler (64. R. Müller), Samba, van Burik (60. A. Schmidt), Schröder, Neuendorf, Dardai (64. Salihovic), Marcelinho (46. Chahed), Marx, Dejagah (64. Ebert), Wichniarek (70. Fiedler)

Zuschauer: 1.500 auf dem Sportplatz am Rohrteich Jüterbog

Tore: 0:1 Marcelinho (3.), 0:2 Dejagah (4.), 0:3 van Burik (9.), 0:4 Wichniarek (11.), 0:5 Dejagah (14.), 0:6 Dardai (18.), 0:7 Samba (21.), 0:8 Wichniarek (22.), 0:9 Marx (24.), 0:10 Wichniarek (26.), 0:11 Marcelinho (31.), 0:12 Bieler (36.), 0:13 Marx (40.), 0:14 Wichniarek (44.), 1:14 Lange (49.), 2:14 Bolze (51.), 2:15 Dejagah (54.), 2:16 Marx (59.), 2:17 Dardai (60.), 2:18 Schröder (63.), 2:19 A. Schmidt (64.), 2:20 Wichniarek (65.), 2:21 Marx (71.), 2:22 Salihovic (75.), 2:23 Fiedler (78.), 2:24 R. Müller (80.), 2:25 Neuendorf (82.), 2:26 Salihovic (84.), 2:27 Marx (86.), 2:28 Schmidt (88.), 2:29 Salihovic (89.), 2:30 Salihovic (90.)

Lucien Favres Fluchtgedanken

4. August 2007: SpVgg. Unterhaching – Hertha BSC 0:3 (0:1)

Der Schweizer Meister-Trainer Lucien Favre war im Sommer 2007 zu Hertha BSC gewechselt. Der Taktikfuchs weckte viele Hoffnungen auf erfolgreichen Fußball in Berlin. Nach insgesamt acht Testspielen im Juli 2007 mit seiner neuen Mannschaft wurde es im DFB-Pokal im ersten Pflichtspiel ernst für Favre. In Runde eins wartete die SpVgg. Unterhaching im heimischen Stadion – ein unangenehmer Gegner aus der Regionalliga. Favre musste dabei einen personellen Umbruch meistern, denn elf Spieler hatten seit Mai 2007 den Verein verlassen und mit Torhüter Jaroslav Drobny (vom VfL Bochum), dem Brasilianer Lucio (Palmeiras Sao Paulo) und dem polnischen Talent Lukasz Piszczek (Gwarek Zabrze) waren vor dem Pokalspiel nur drei Zugänge zu verzeichnen.

In Unterhaching geriet Hertha stark unter Druck, aber der Außenseiter vergab zahlreiche Chancen. Dazu stellte sich Keeper Drobny in Bestform vor. Nach einem Foul von Herthas Josip Simunic gab es Elfmeter, den Lechleitner vergab. Drobny hatte seinen Schuss pariert. Herthas Malik Fathi nutzte ein Missverständnis der Gastgeber zum 0:1 kurz vor der Pause. Nach dem 0:2 durch Ebert war der lange heftige Widerstand der Gastgeber aber gebrochen. Mit viel Glück setzte sich Hertha mit 3:0 durch, mit dem Auftritt war Favre aber sehr unzufrieden. Favre klagte, sein Team sei im Moment nicht bundesligatauglich.

In der Nacht zweifelte der Schweizer und überlegte kurz, seinen Job hinzuwerfen. In einem Telefonat mit Bayern-Coach Ottmar Hitzfeld, mit dem Favre ein freundschaftliches Verhältnis pflegte, hatte der Schweizer ein mögliches Aus angedeutet. Über Uli Hoeneß erfuhr Manager Dieter Hoeneß von den ungewöhnlichen Plänen und konnte Favre zum Bleiben bewegen.

Hertha: Drobny, Chahed, Friedrich, Simunic, Fathi, Mineiro (73. A. Schmidt), Dardai, Ebert (82. C. Müller), Lucio (75. Bieler), Pantelic, Piszczek

Zuschauer: 5.000 im Sportpark Unterhaching

Tore: 0:1 Fathi (44.), 0:2 Ebert (65.), 0:3 Pantelic (82.)

Höchster Europacup-Sieg der Klubgeschichte

7. Juli 2008: Hertha BSC – Nistru Otaci 8:1 (5:0)

Hertha hatte sich als beste Mannschaft der Fairplay-Wertung für die Teilnahme am UEFA-Cup qualifiziert. In der ersten so genannten Quali-Runde traf die Mannschaft auf Nistru Otaci aus Moldawien. Otaci ist eine Kleinstadt mit rund 9.000 Einwohnern im äußersten Nordosten von Moldawien. Nistru stand achtmal im Pokalfinale von Moldawien und gewann 2005 den Cup. Die unbekannten Gäste reisten als klarer Außenseiter nach Berlin.

Hertha war für dieses Spiel in den kleinen Jahnsportpark nach Prenzlauer Berg umgezogen, wo über 12.000 Fans für gute Stimmung sorgten. Das Team schaffte gegen überforderte Moldauer den höchsten Sieg in einem Europacupspiel der Vereinsgeschichte. Lukasz Piszczek zeichnete sich als dreimaliger Torschütze aus, Marko Pantelic traf zweimal. Der Klassenunterschied zwischen den beiden Teams war gravierend und Hertha geriet nie in Gefahr. Die Gäste konnten das Tempo des Bundesligisten nie mithalten.

„Das Spiel war als Zuschauer und als Trainer schön anzusehen", freute sich Hertha-Trainer Lucien Favre, „wir wollen nun soweit wie möglich kommen." Hertha erreichte später die Gruppenphase im Uefa-Pokal und blieb bis Dezember 2008 im Wettbewerb.

Hertha: Drobny, Chahed (71. Radjabali-Fardi), Kaka, von Bergen, Stein, Dardai, Kacar (67. Lustenberger), Piszczek, Ebert, Raffael, Pantelic (46. Domowtschiski)

Zuschauer: 12.373 im Jahnsportpark Berlin

Tore: 1:0 Pantelic (15.), 2:0 Raffael (23.), 3:0 Piszczek (33.), 4:0 Pantelic (38.), 5:0 Piszczek (42.), 6:0 Stein (68.), 7:0 Raffael (71.), 7:1 Tcaciuc (77.), 8:1 Piszczek (80.)

Der Mann mit dem Zopf: Liebling Andrej Woronin

14. Februar 2009: Hertha BSC – Bayern München 2:1 (1:0)

Es kam in der Geschichte von Hertha BSC nicht oft vor, dass die Fans in der Ostkurve des Olympiastadions in freudiger Erwartung die Meisterschale aus Pappe in die Höhe hielten und Profis nach Spielende in die Kurve eilten, um es den Anhängern gleich zu tun. Das aber passierte am 20. Spieltag der Saison 2008/09, als Trainer Lucien Favre die Mannschaft in die Liga-Spitze geführt hatte und viele Fans in Berlin sogar vom Titel träumen konnten. Hertha hatte vor ausverkauftem Haus und nach einem tollen Spiel den FC Bayern mit 2:1 bezwungen. Beide Treffer für Berlin schoss der Ukrainer Andrej Woronin, den Manager Dieter Hoeneß vom FC Liverpool ausgeliehen hatte. Der Mann mit dem zum Zopf gebundenen Haar traf per Kopf und später mit einem schönen Flachschuss nach Vorarbeit durch Raffael. Woronin bildete in der laufenden Spielzeit zusammen mit Marko Pantelic ein sehr starkes Angriffsduo. Selten harmonierten bei Hertha zwei Stürmer so gut wie die beiden Torjäger.

Neben Woronin wurde besonders der Brasilianer Rodnei gefeiert. Der großgewachsene Abwehrmann gab ausgerechnet gegen Bayern sein Liga-Debüt, war zuvor aus Bialystok in Polen geholt worden. Rodnei musste den Franzosen Franck Ribery in Schach halten und tat dies bravourös. Für Bayern hatte Miroslav Klose zum zwischenzeitlichen Ausgleich getroffen, was Hertha aber schnell weggesteckt hatte. Nach dem Abpfiff feierten die Fans ausgelassen und auf der großen Anzeigetafel erschien die Tabelle: Hertha stand auf Platz eins! „Spitzenreiter, Spitzenreiter, hey, hey!“, intonierte die Ostkurve.

Hertha: Drobny, Rodnei (87. Cufre), Friedrich, Simunic, Stein, Ebert (90. Chermiti), Dardai, Nicu, Babic, Raffael, Woronin (90. Domowtschiski)

Zuschauer: 74.244 im Berliner Olympiastadion

Tore: 1:0 Woronin (38.), 1:1 Klose (61.), 2:1 Woronin (77.)

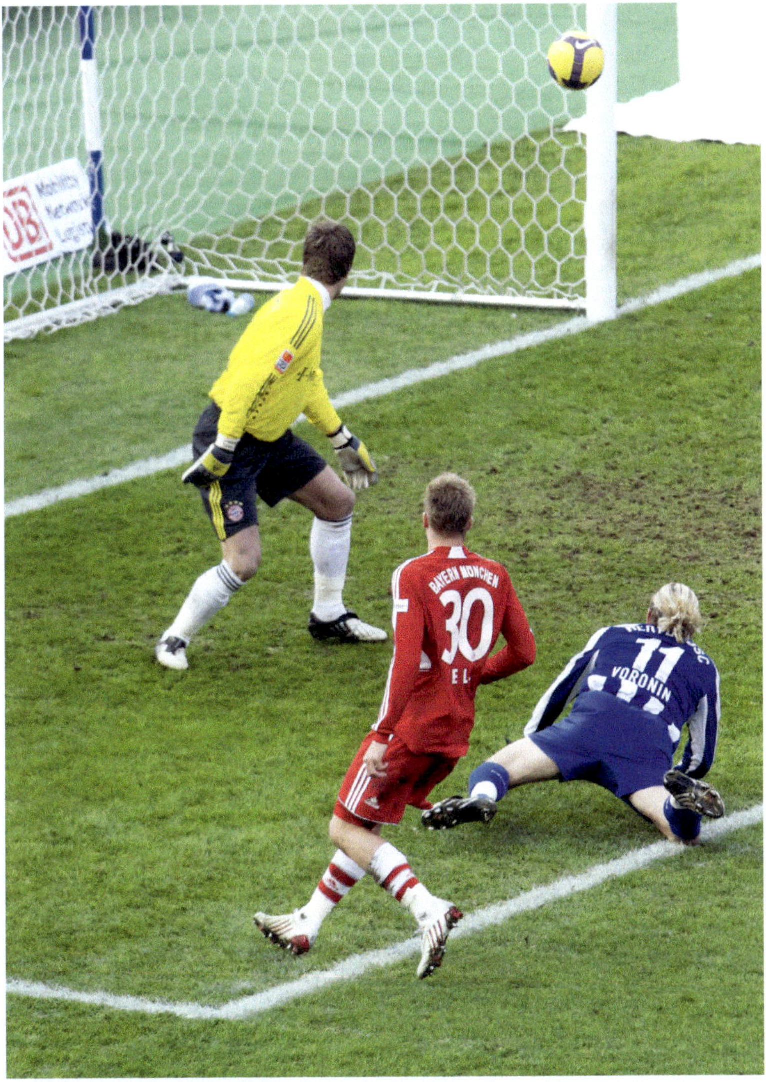

Der Ukrainer Andrej Woronin trifft per Kopf zum 1:0 (imago/Camara 4)

Freudentanz im Stadion der Freundschaft

7. März 2009: Energie Cottbus – Hertha BSC 1:3 (1:2)

Herthas Mannschaften traten meist mit gemischten Gefühlen im Cottbuser Stadion der Freundschaft an, weil es dort oft sehr rustikal zu Werke ging. Auch an jenem Märztag 2009 – Hertha hielt sich in der Spitze der Liga auf – war das nicht anders. Energie griff den Favoriten sofort vehement an und wollte unbedingt in Führung gehen. Herthas Kombinationsspiel kam nur sehr schleppend in Gang und Cottbus zu einigen guten Chancen. Ein Freistoß von Atan Cagdas, scharf und flach aus gut 20 Metern Entfernung geschlagen, brachte die Führung für Energie. Hertha-Keeper Jaroslav Drobny hatte den Ball unterschätzt, der durch seine Beine glitt. Hertha antwortete mit wütenden Angriffen. Es war Patrick Ebert, der den Ball exakt auf den Kopf von Andrej Woronin zirkelte, der zum Ausgleich traf.

Danach nahm die Show von Woronin seinen Lauf, der zum überragenden Spieler auf dem Rasen aufstieg und von den Cottbuser Abwehrspielern nicht zu halten war. Nach einem Schuss von Raffael, der zu kurz abgewehrt wurde, schob Woronin mit Links zum 1:2 ein. Energie aber wehrte sich tapfer und drängte nach der Pause auf den Ausgleich, der einige Male in der Luft lag. Es war Woronin, der zwei Minuten vor dem Abpfiff seinen Auftritt krönte und nach einem Alleingang, bei dem er vier Cottbuser Abwehrleute düpierte, zum 1:3 traf. Nach Spielende – Hertha stand auf Platz eins der Liga – tanzte Manager Dieter Hoeneß im Mittelkreis mit der Mannschaft und lieferte den Fotografen ein wunderbares Motiv.

Hertha: Drobny, Stein, Friedrich, Simunic, Rodnei, Dardai, Cicero, Ebert (80. Babic), Nicu, Raffael (84. Domowtschiski), Woronin (90. Pantelic)

Zuschauer: 22.500 im Stadion der Freundschaft Cottbus

Tore: 1:0 Cagdas (22.), 1:1 Woronin (34.), 1:2 Woronin (45.), 1:3 Woronin (88.)

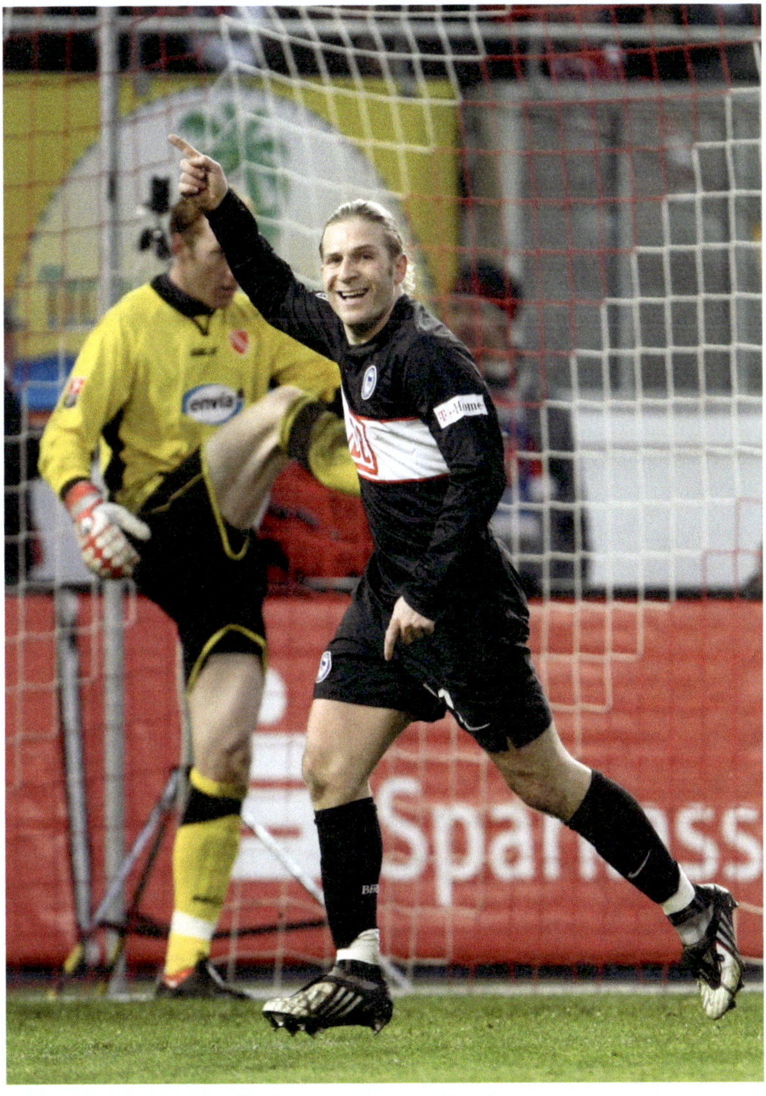

Dreifacher Torschütze: Andrej Woronin beim 3:1-Sieg gegen Energie Cottbus
(imago/Picture Point)

Aus der Traum von der Meisterschaft

16. Mai 2009: Hertha BSC – Schalke 04 0:0

Am 33. Spieltag der Saison 2008/09 besaß Hertha noch gute Aussichten auf die Meisterschaft und allerbeste Chancen, die Champions League zu erreichen. Die Stadt Berlin fieberte seit Wochen mit dem Team von Trainer Lucien Favre. Bevor Hertha den alten Rivalen Schalke empfing, hatte Berlin 62 Punkte gesammelt. Nur Bayern München und der VfL Wolfsburg standen mit jeweils 63 Zählern in der Tabelle vor Hertha. Die Stimmung im Stadion war gigantisch, die Prominenz auf der Ehrentribüne trug komplett Blau und Weiß, heimlich wurden Szenarien für eine Meisterfeier durchgespielt. Überall herrschte Festtagsstimmung. Doch nach dem Spiel, das torlos endete, dominierten Trauer und Melancholie im weiten Rund. Der Traum von der Meisterschaft – die letzte datiert aus dem Jahr 1931 – war geplatzt. Die Spieler lagen minutenlang reglos auf dem Rasen, alle waren enttäuscht und total erschöpft.

Das beinahe zum Endspiel um die Deutsche Meisterschaft ausgerufene Duell verlief spielerisch meist mäßig und ohne große Höhepunkte. Schalke war auf ein Remis aus, Hertha ergriff zu zögerlich die Initiative und kam nur zu wenigen guten Chancen, an denen meist Marko Pantelic beteiligt war, der unbedingt einen Treffer erzielen wollte. Aber insgesamt ging Hertha zu wenig Risiko ein, wirkte oft gehemmt angesichts der Brisanz. „Wir haben dieses Mal den Sieg nicht erzwungen“, haderte Manager Dieter Hoeneß, der seine Enttäuschung nur schwer verbergen konnte. Nie war Hertha so nah am Titel wie im Mai 2009. Nun sollte sich die Mannschaft am letzten Spieltag auf das Erreichen der Königsklasse konzentrieren. Doch beim Absteiger Karlsruher SC setzte es eine unerklärliche 0:4-Niederlage. Nach einer meist großartigen Saison blieb nur die Teilnahme an der Europa League.

Hertha: Drobny, Piszczek, von Bergen, Simunic, Stein, Ebert (59. Woronin), Dardai, Kacar (70. Domowtschiski), Cicero, Raffael, Pantelic (81. Chermiti)

Zuschauer: 74.244 im Berliner Olympiastadion

Tore: Fehlanzeige

Blamage in Hoffenheim – Favre muss gehen

27. September 2009: TSG 1899 Hoffenheim – Hertha BSC 5:1 (3:1)

Vor der Saison 2009/10 hatten drei Anführer und Leistungsträger die finanziell klamme Hertha verlassen: Marko Pantelic, Andrej Woronin und Josip Simunic. Trainer Favre sagte eine schwierige neue Spielzeit voraus, nachdem er zuletzt sogar um die Meisterschaft gespielt hatte. Nach einem Auftaktsieg am ersten Spieltag gegen Hannover 96 (1:0) folgten fünf Niederlagen in Serie und Hertha musste am 7. Spieltag unbedingt in Hoffenheim bestehen und gewinnen, um endlich aus der Krise zu kommen. Doch es kam zu einer Blamage.

Hertha wurde zum Spielball der überragenden Hoffenheimer unter Trainer Ralf Rangnick. Es war Mittelstürmer Vedad Ibisevic, der Jahre später für Hertha spielte, der mit einem Hattrick in der ersten Halbzeit Hertha beinahe im Alleingang bezwang und nicht zu halten war. Ein Tor erzielte er per Rechtsschuss, zweimal traf er mit dem Kopf. Das Führungstor fiel bereits nach 44 Sekunden! Berlins Abwehr mit Neuling Timo Ochs im Tor versuchte, die Hoffenheimer in Folge vom eigenen Tor fernzuhalten, was kaum gelang. Nach dem 5:1 resignierte die Mannschaft und sehnte den Abpfiff herbei. Danach gab es ein langes Gespräch zwischen Trainer Favre und Manager Michael Preetz. Der Schweizer wurde entlassen, er sei zuletzt hilflos gewesen, so Preetz. Favre aber verabschiedete sich mit einer spektakulären eigenen Pressekonferenz im Hotel Adlon Unter den Linden. Als Nachfolger wurde Friedhelm Funkel verpflichtet.

Hertha: Ochs, Pejcinovic, Friedrich, Bengtsson, Janker (46. Stein), Piszczek, L. Hartmann, Dardai, Nicu, Raffael, Ramos

Zuschauer: 29.600 in der Rhein-Neckar-Arena Sinsheim

Tore: 1:0 Ibisevic (1.), 2:0 Ibisevic (4.), 3:0 Ibisevic (21.), 3:1 Raffael (45.), 4:1 Obasi (58.), 5:1 Carlos Eduardo (63. Elfmeter)

Funkel-Debüt mit Pechvogel Burchert

4. Oktober 2009: Hertha BSC – Hamburger SV 1:3 (1:3)

Nach der Entlassung von Trainer Lucien Favre gab dessen Nachfolger Friedhelm Funkel sein Debüt bei Hertha. Das Duell gegen den HSV entwickelte sich zu einem Spiel, das reich an Kuriositäten verlief – aber nur auf Seiten der Gastgeber. Funkel plagten vor allem Sorgen auf der Torhüterposition. Die Nummer eins, Jaroslav Drobny, fehlte verletzt. Ersatz Timo Ochs begann gegen die Hamburger, musste aber nach 33 Minuten mit einem Muskelfaserriss im Oberschenkel vom Platz. Sascha Burchert, gebürtiger Berliner, übernahm seinen Posten.

Arne Friedrich hatte Hertha sogar mit einem Kopfballtor frühzeitig in Führung gebracht, aber nach einem Missverständnis zwischen Ochs und dem Brasilianer Kaka sorgte ein Eigentor des Abwehrspielers für das 1:1. Danach folgten Szenen aus dem Raritätenkabinett. Binnen 90 Sekunden musste Burchert zweimal nach weiten, gefährlichen Flanken des HSV aus seinem Strafraum eilen und klärte aus Verzweiflung zweimal per Kopf. Zweimal aber kamen die Bälle wie Bumerangs zurück. Jarolim und Ze Roberto verwerteten die beiden kuriosen Kopfball-Abwehrversuche des Berliner Keepers postwendend zum 1:2 und 1:3. Danach passierte nicht mehr viel Aufregendes. Funkels Debüt war misslungen und Hertha weiter auf Tabellenplatz 18. Berlins Boulevardpresse aber nannte Sascha Burchert respektlos „Torwarttrottel". Das hing Burchert lange an, der später zu einem guten Erstliga-Keeper aufstieg – allerdings bei der SpVgg. Fürth.

Hertha: Ochs (33. Burchert), Friedrich, Kaka, von Bergen, Pejcinovic, Ebert, Dardai, Kacar, Nicu (56. Cesar), Raffael (70. Domowtschiski), Ramos

Zuschauer: 49.208 im Berliner Olympiastadion

Tore: 1:0 Friedrich (9.), 1:1 Kaka (24. Eigentor), 1:2 Jarolim (38.), 1:3 Ze Roberto (40.)

Schwere Fan-Ausschreitungen nach Niederlage

13. März 2010: Hertha BSC – 1. FC Nürnberg 1:2 (1:0)

Hertha steckte tief im Abstiegskampf und besaß keine allzu großen Hoffnungen mehr auf den Klassenerhalt. Dennoch sollte ein Sieg gegen Nürnberg nochmal Auftrieb geben. Fast 60.000 Fans pilgerten ins Olympiastadion. Das Team von Trainer Funkel trat total offensiv auf, erarbeitete sich zahlreiche Chancen, die aber vergeben wurden. In der ersten Halbzeit rollte Angriff auf Angriff auf das Nürnberger Tor zu. Aber nur der Grieche Theofanis Gekas traf zum verdienten 1:0. Nach der Pause wurde Nürnberg aktiver und nach und nach drohte das Spiel zu kippen. Albert Bunjaku schaffte das 1:1 und danach spielten beide Mannschaften mit offenem Visier. In der 90. Minute nahm das Drama für Hertha seinen Lauf, als der griechische Nationalspieler Angelos Charisteas den Siegtreffer für die Gäste erzielte. Damit kam Hertha dem Abstieg schon sehr nahe.

Während Manager Michael Preetz Tränen mühevoll verdrückte, entlud sich der Frust der Fans. Rund 100 Anhänger der Berliner, teils vermummt und mit Fahnenstangen bewaffnet, stürmten nach Abpfiff den Rasen und zerstörten die Ersatzbank der Hertha sowie Werbetafeln und Banner. Vier Polizisten wurden leicht verletzt und 30 Randalierer in Gewahrsam genommen. Die Ausschreitungen hatten natürlich Folgen. Hertha musste 25.000 Euro Strafe zahlen und durfte beim Heimspiel gegen Stuttgart nur 25.000 Karten verkaufen. Der Abstieg aber war nach dem Duell gegen Nürnberg bereits allgegenwärtig.

Hertha: Drobny, Piszczek (77. Wichniarek), Friedrich, Hubnik, Kobiaschwili, Dardai (67. Kacar), Kringe (53. Nicu), Cicero, Raffael, Ramos, Gekas

Zuschauer: 57.761 im Berliner Olympiastadion

Tore: 1:0 Gekas (36.), 1:1 Bunjaku (61.), 1:2 Charisteas (90.)

Remis im brisanten ersten Stadtduell

17. September 2010: 1. FC Union – Hertha BSC 1:1 (0:1)

Nach dem Abstieg von Hertha BSC im Mai 2010 in die Zweite Bundesliga kam es zum in Fußball-Berlin langersehnten Stadtderby gegen den 1. FC Union Berlin. Seit dem sogenannten „Wiedervereinigungsspiel" im Januar 1990 im Olympiastadion kurz nach dem Fall der Mauer hatten sich beide Vereine lediglich in zahlreichen Testspielen duelliert. Aus der einstigen Fanfreundschaft zu Mauerzeiten über die Grenzen hinweg war eine heftige Konkurrenz erwachsen. Es ging um Prestige, um die Vorherrschaft in der Stadt, um die Nummer eins in der Gunst der Fans. Vor dem Derby gab es Sticheleien und verbale „Giftpfeile" flogen hin und her. Bis 2010 spielten ja beide Teams stets in unterschiedlichen Klassen, erst der Abstieg der Hertha und der Aufstieg der Unioner in Liga zwei machte das erste „echte" Derby in einem wichtigen Pflichtspiel möglich. Wochenlang berichteten die Berliner Medien über das brisante Stadtduell.

Das entwickelte sich vor über 18.000 Fans im engen Stadion an der Alten Försterei zu einem verbissenen Kampf. Union als Gastgeber hätte locker 40.000 oder 50.000 Tickets verkaufen können, verzichtete aber auf ein mögliches Ausweichen ins Olympiastadion. Union wähnte sich in der eigenen, kleinen Arena im Vorteil. Herthas Mittelfeldmann Peter Niemeyer konnte sich als erster Torschütze des Derbys auszeichnen. Er traf nach einer Flanke von Nikita Rukavytsya per Kopf schon nach zwei Minuten. Als sich der Favorit, der den sofortigen Wiederaufstieg anstrebte, bereits als Sieger wähnte, schlug Union zu. Der eingewechselte Santi Kolk, kein Stammspieler der Gastgeber, traf mit einem Schuss aus 22 Metern. Der Jubel der Union-Fans war riesengroß. Herthas Trainer Markus Babbel sprach von einem „leidenschaftlichen Kampf". Seine Mannschaft stand trotz des Remis an der Tabellenspitze.

Hertha: Aerts, Lell, Mijatovic, Hubnik, Kobiaschwili, Niemeyer, Rukavytsya (63. N. Schulz), Domowtschiski (90. Djuricin), Raffael (46. Perdedai), Ramos, Friend

Zuschauer: 18.432 im Stadion an der Alten Försterei

Tore: 0:1 Niemeyer (2.), 1:1 Kolk (82.)

Unions Mattuschka wird zum Derby-Helden

5. Februar 2011: Hertha BSC – 1. FC Union 1:2 (1:1)

Nach dem ersten Stadtderby, das an der Alten Försterei 1:1 endete, empfing Hertha die Mannschaft aus Köpenick zum Rückspiel im Olympiastadion und galt wieder als Favorit. Es ging Hertha nicht nur um wichtige Punkte im Kampf um den sofortigen Wiederaufstieg in die Erste Bundesliga, sondern auch um den für die Fans so wichtigen inoffiziellen Titel des „Stadtmeisters". Die Männer von Trainer Markus Babbel waren vor ausverkauftem Haus auch sofort auf Betriebstemperatur und erspielten sich einige gute Chancen. Zwei Freistöße des Spezialisten Ronny rauschten noch knapp am Tor der Unioner vorbei (6. und 10. Minute), ehe Abwehrmann Roman Hubnik per Kopfball das frühe 1:0 gelang.

Doch Union, das lange Zeit recht ungeordnet agierte und sich von der Kulisse beeindruckt zeigte, kam zurück. John Jairo Mosquera nahm den Ball mit der Brust und ein wenig mit dem Oberarm an und traf aus gut 16 Metern Entfernung zum 1:1. Ein durchaus fragwürdiger Treffer. Hertha blieb die spielerisch bessere Mannschaft, Union aber agierte zunehmend aggressiver. Es war dann Klub-Legende Torsten Mattuschka, ein exzellenter Freistoßschütze, der zum großen Derby-Helden aufstieg und seinen Kultstatus beim 1. FC Union eindrucksvoll untermauerte. In der 71. Minute zirkelte er einen Freistoß in unnachahmlicher Manier ins Hertha-Tor, wobei Keeper Maikel Aerts eine schwache Figur abgab, was auch Schütze Mattuschka später zugab. Zudem hatte Hertha die Abwehrmauer sehr schlecht gestellt, die nur aus Christian Lell und Rob Friend bestand. „Die war wie Schweizer Käse", kritisierte Trainer Babbel. Mattuschka wurde von den rund 20.000 Union-Fans gefeiert, die ihre Mannschaft zudem zum „Stadtmeister" erklärten.

Hertha: Aerts, Lell, Hubnik, Mijatovic, Kobiaschwili, Niemeyer (86. Lustenberger), Raffael, Rukavytsya, Ronny (80. Domowtschiski), Friend, Ramos

Zuschauer: 74.244 im Berliner Olympiastadion

Tore: 1:0 Hubnik (13.), 1:1 Mosquera (38.), 1:2 Mattuschka (71.)

2. Liga

Aufstiegsfeier in Duisburg

25. April 2011: MSV Duisburg – Hertha BSC 0:1 (0:1)

Am 31. Spieltag der Saison 2010/11 besaß Hertha die Chance, den Wiederaufstieg in die Erste Bundesliga perfekt zu machen. Die beste Heim- und beste Auswärtsmannschaft der Zweiten Liga ging als Favorit ins Duell beim MSV Duisburg. Man wollte den „Betriebsunfall", so wurde der Abstieg bezeichnet, sofort bereinigen und drei Spieltage vor Saisonschluss den Aufstieg feiern. 2.500 Fans begleiteten die Mannschaft von Trainer Markus Babbel. Hertha spielte in der ersten Halbzeit überlegen, kam nie in Gefahr und erspielte sich einige gute Torgelegenheiten durch Patrick Ebert (22.) und Pierre-Michel Lasogga (26.). Es war aber der schnelle und technisch elegante Kolumbianer Adrian Ramos, der nach einer schönen Flanke von Ebert zum 0:1 traf (27.). Es war sein 14. Saisontreffer.

Nach der Pause trat der MSV Duisburg aggressiver auf und die Berliner Fans bangten kurze Zeit um die geplante erste kleine Aufstiegsfeier. Doch Hertha brachte die Partie, die ohne größere Höhepunkte verlief, am Ende clever über die Zeit. Nach dem Abpfiff entlud sich die Spannung und die Profis um Peter Niemeyer warfen ihren Trainer Babbel in die Luft. Die Fans sangen „Nie mehr Zweite Liga" und feierten. Die Spieler hatten sich T-Shirts mit der Aufschrift „Mission erfüllt" übergezogen. In der Pressekonferenz überreichten die Duisburger den Hertha-Verantwortlichen einen Blumenstrauß und gratulierten mit einem Gläschen Sekt. Auch die mitgereisten Berliner Journalisten bekamen ein Glas eingeschenkt. Hertha-Manager Michael Preetz sagte: „Es war ein hartes Jahr. Ich bin froh, dass wir es glücklich zu Ende gebracht haben. Alle haben einen guten Job gemacht."

Hertha: Aerts, Lell, Hubnik, Mijatovic, Kobiaschwili, Niemeyer, Lustenberger, Ebert (88. N. Schulz), Rukavytsya (62. Raffael), Lasogga (78. Friend), Ramos

Zuschauer: 16.777 in der Schauinsland Reisen Arena Duisburg

Tor: 0:1 Ramos (27.)

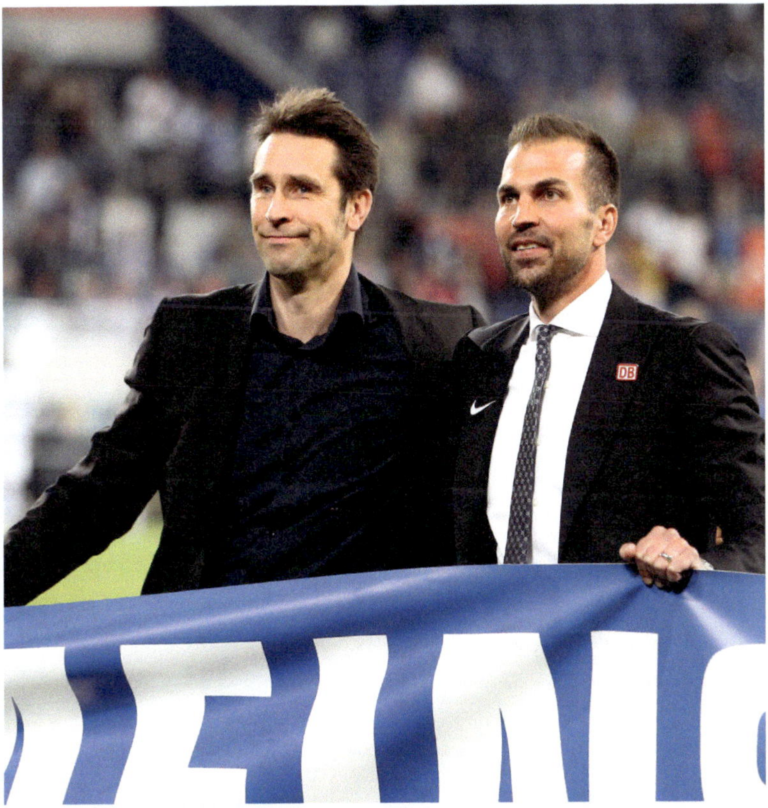

Arm in Arm: Manager Michael Preetz und Trainer Markus Babbel erleichtert nach dem Wiederaufstieg (imago/Contrast)

Große Bühne beim Karriereende von Legende Dardai

15. Mai 2011: Hertha BSC – FC Augsburg 2:1 (1:0)

Am letzten Spieltag der Saison 2010/11 empfing Hertha BSC den FC Augsburg. Damit trafen die beiden bereits feststehenden Aufsteiger aufeinander und das Duell bekam so einen Freundschaftsspiel-Charakter. Die Kulisse aber war überwältigend. Passend zur Aufstiegsfeier mit Übergabe der Meisterschale, der sogenannten „Zweitliga-Felge", und zum Abschied von Pal Dardai, der nach 14 Jahren im Hertha-Trikot seine aufregende und erfolgreiche Karriere beendete, wurden sogar am Marathontor Sitzplätze installiert. Am Ende strömten 77.116 Zuschauer ins Olympiastadion. Das bedeutete einen neuen Rekord für die eingleisige Zweite Liga!

Beide Teams lieferten meist einen gemütlichen Sommer-Kick mit wenigen Chancen auf beiden Seiten. Doch die Fans störte das kaum. Ständig lief die „La Ola-Welle" durch die Arena, alle waren in ausgelassener Feierstimmung. Trainer Markus Babbel hatte Dardai noch einmal in die Startelf berufen und gab ihm nach 41 Minuten eine große Bühne. Der Ungar ging vom Rasen, wurde durch Patrick Ebert ersetzt. Das Stadion feierte Dardai mit Standing Ovations. Der rustikale Mittelfeldmann lief eine umjubelte Ehrenrunde und nahm seinen jüngsten Sohn Bence auf die Schulter. Die Arena tobte und es flossen auch Tränen. Kurz vor der Halbzeit schaffte Pierre-Michel Lasogga das 1:0, aber nach einer Stunde gelang Augsburg durch Hain der Ausgleich. Als Rob Friend im Strafraum zu Fall gebracht wurde, entschied Schiedsrichterin Bibiana Steinhaus sofort auf Strafstoß. Lewan Kobiaschwili verwandelte den Elfmeter sicher zum 2:1-Endstand. Bald danach begann eine lange Aufstiegsparty. Unvergesslich für alle, die im Stadion dabei waren.

Hertha: Aerts, Lell, Hubnik, Mijatovic, Kobiaschwili, Lustenberger, Dardai (42. Ebert), Ronny (71. Rukavytsya), Raffael, Ramos, Lasogga (65. Friend)

Zuschauer: 77.116 (Zuschauerrekord der eingleisigen zweiten Liga)

Tore: 1:0 Lasogga (45.), 1:1 Hain (60.), 2:1 Kobiaschwili (74./Elfmeter)

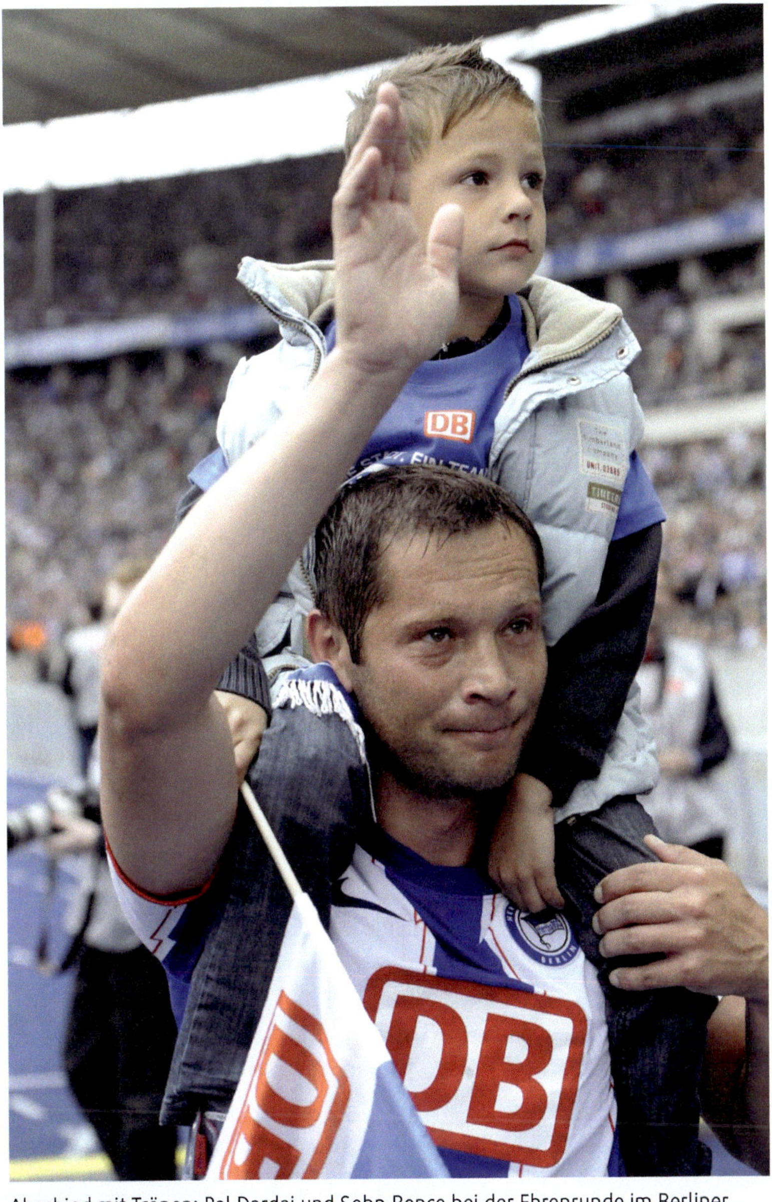

Abschied mit Tränen: Pal Dardai und Sohn Bence bei der Ehrenrunde im Berliner Olympiastadion (imago/Sven Simon)

Skandalspiel mit bitterem Ende

15. Mai 2012: Fortuna Düsseldorf – Hertha BSC 2:2 (1:1)

Hertha hatte sich am letzten Spieltag der Saison 2011/12 mit einem 3:1-Sieg gegen die TSG 1899 Hoffenheim in die Relegation gegen den Dritten der Zweiten Liga, Fortuna Düsseldorf, gerettet. Im Heimspiel unterlag der Erstligist vor 68.000 Zuschauern überraschend mit 1:2 gegen die Fortuna. Das Rückspiel in Düsseldorf musste die Entscheidung bringen, ob Hertha erstklassig bleiben konnte oder erneut nach 2010 absteigen musste. Das Duell vor einem fanatischen Publikum geriet allerdings zu einer Farce und ging als Skandalspiel in die Liga-Geschichte ein – mit Hertha als leidtragendem Verlierer. Das Duell begann schlimm für die Mannschaft von Trainer-Legende Otto Rehhagel, der nach Markus Babbel, Michael Skibbe und René Tretschok bereits der vierte Chefcoach binnen einer Saison war. Mit dem ersten Angriff ging Fortuna durch Maximilian Beister in Führung. Änis Ben-Hatira schaffte nach 22 Minuten den Ausgleich, musste aber schon nach 54 Minuten nach einem unnötigen Foul mit Gelb-Rot vom Platz. Hertha agierte verzweifelt mit zehn Mann. Zu allem Unglück traf Ranislav Jovanovic nach 59 Minuten zum 2:1 für Düsseldorf, worauf der Hertha-Anhang Bengalische Feuer zündete. Fortuna-Fans antworteten ebenfalls mit Bengalos. Der Rasen „brannte" und die Tribünen versanken im Nebelrauch. Referee Wolfgang Stark unterbrach zum ersten Mal das Duell.

Nach 85 Minuten traf der Brasilianer Raffael zum 2:2-Ausgleich. Noch ein Treffer und Hertha würde erstklassig bleiben! Nach 90 Minuten zeigte Stark sieben Minuten Nachspielzeit an, aber Fortuna-Fans hatten die Absperrungen übersprungen und versammelten sich dicht am Spielfeldrand. Polizei mit Hunden marschierte auf. Nach 95 Minuten – also zwei Minuten vor dem Abpfiff – stürmten die Düsseldorfer Anhänger den Rasen, jubelten, zündeten Raketen. Chaos brach aus, Rasenstücke, etwa der Elfmeterpunkt, wurden herausgerissen. Die Spieler flüchteten in die Kabinen, der Referee unterbrach, ehe er die restlichen 90 Sekunden nachspielen lassen wollte. Herthas Profis hatten Angst, wollten das Spiel nicht fortsetzen. Sie wurden aber vom Referee und den DFB-Offiziellen vor die Alternative gestellt: Weiterspielen oder Verlieren und Abstieg! Änis Ben-Hatira sprach später von einer Farce, von unmöglichem Druck, der auf die Herthaner ausgeübt wurde.

Normalerweise hätte das Duell abgebrochen und wiederholt werden müssen. Doch Stark ließ die Restzeit spielen, danach herrsche Chaos in den Katakomben und oben auf dem Rasen. Hertha legte sofort Einspruch ein wegen „irregulärer Bedingungen".

Bis zum 25. Mai dauerten die Verhandlungen vor dem DFB-Sportgericht an, auch das DFB-Bundesgericht wurde angerufen – vergeblich. Hertha musste absteigen. Lewan Kobiaschwili, dem Schiedsrichter Stark vorgeworfen hatte, ihm beim Weg in die Kabine mit der Faust geschlagen zu haben, wurde zu einer langen Sperre bis 31. Dezember 2012 verurteilt. Ein schwarzer Tag für Hertha BSC und den deutschen Fußball.

Hertha: Kraft, Janker (72. Lell), Hubnik, Mijatovic, Kobiaschwili, Niemeyer, Ronny (90. Bastians), Rukavytsya (72. Ebert), Raffael, Ben-Hatira, Ramos

Zuschauer: 51.000 in der Esprit-Arena Düsseldorf

Tore: 1:0 Beister (1.), 1:1 Ben-Hatira (23.), 2:1 Jovanovic (59.), 2:2 Raffael (85.)

Gelb-Rot: Ben-Hatira (55.)

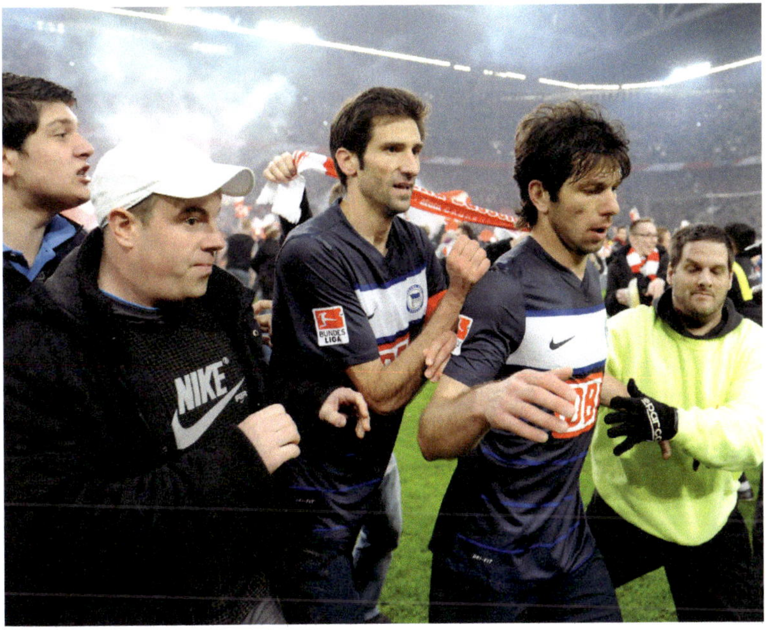

Andre Mijatovic (links) und Lewan Kobiaschwili flüchten während des Platzsturms in die Kabine (imago/Matthias Koch)

Erster Derby-Sieg – und das in der Alten Försterei

3. September 2012: 1. FC Union – Hertha BSC 1:2 (0:1)

Nach dem erneuten Abstieg der Hertha kam es in der Zweiten Liga zum dritten Stadtderby gegen den 1. FC Union. Hertha konnte an der Alten Försterei dabei den ersten Sieg einfahren. Wie immer bei den brisanten Begegnungen der beiden Mannschaften entwickelte sich eine emotionsgeladene Auseinandersetzung. Union begann äußerst engagiert und war optisch überlegen. Mitte der ersten Halbzeit aber befreite sich Hertha, bei der mit Jos Luhukay ein neuer Trainer auf der Bank saß. Marcel Ndjeng setzte mit einem scharfen 30-m-Schuss das erste Signal. Und nach einer schönen Kombination über Änis Ben-Hatira und Peer Kluge gelangte der Ball zum wuchtigen Sandro Wagner, der das 0:1 erzielte (30.). Union erhöhte nach der Pause den Druck und Herthas Keeper Sascha Burchert, der den verletzten Thomas Kraft vertrat, musste gegen Simon Terodde (64.) und gegen Patrick Kohlmann (65.) mit viel Einsatz klären. Gegen den Kopfball von Christopher Quiring zum 1:1 aber war Burchert machtlos (69.).

Doch Hertha wehrte sich, wollte unbedingt zum ersten Mal in einem Pflichtspiel gegen den Konkurrenten aus Köpenick gewinnen. Nach einem Foul an Adrian Ramos war es der Brasilianer Ronny, der mit einem Freistoß, einem Gewaltschuss, den 2:1-Siegtreffer erzielte (73.). Diese Führung verteidigte Hertha mit viel Einsatz bis zum Abpfiff. Trainer Luhukay lobte: „Wir sind als echtes Team aufgetreten und haben alles gegeben."

Hertha: Burchert, Lustenberger, Hubnik, Franz, Holland, Niemeyer, Kluge, Ndjeng, Ben-Hatira (89. Brooks), Wagner (70. Ronny), Allagui (46. Ramos)

Zuschauer: 16.750 im Stadion an der Alten Försterei

Tore: 0:1 Wagner (30.), 1:1 Quiring (69.), 1:2 Ronny (73.)

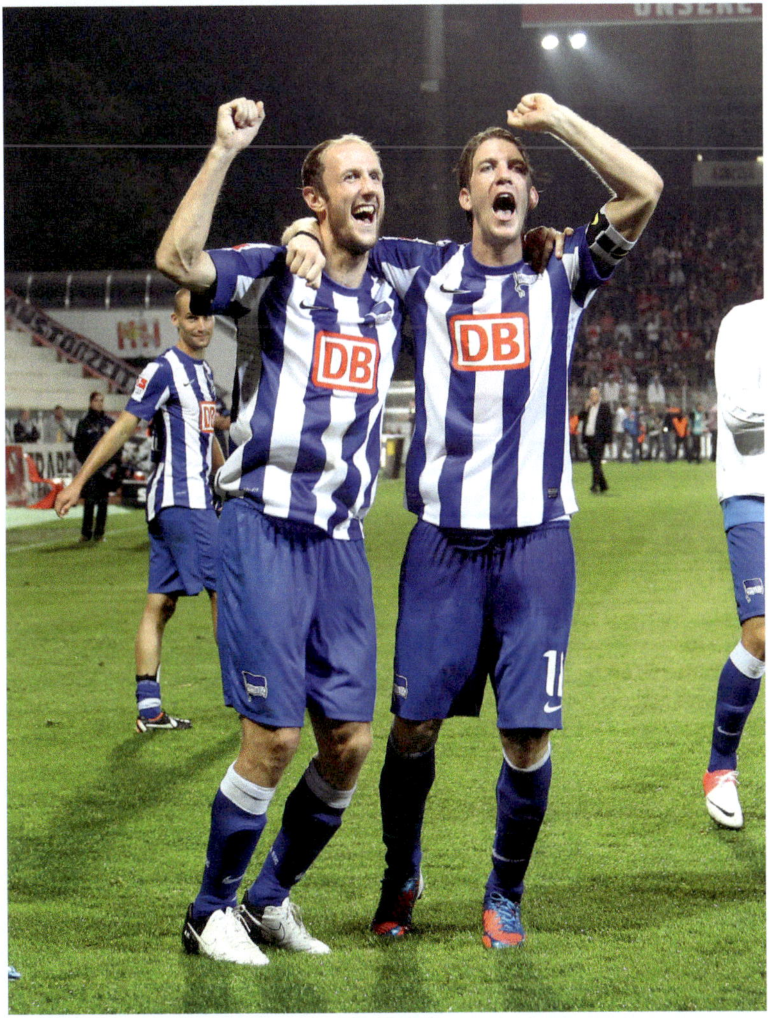

Auswärtssieg: Roman Hubnik (links) und Peter Niemeyer bejubeln den 2:1-Sieg der Hertha in der Alten Försterei (imago/Contrast)

2. Liga

Ronnys Rakete rettet Hertha

11. Februar 2013: Hertha BSC – 1. FC Union 2:2 (0:1)

Beim zweiten Stadtderby in der Saison 2012/13 lockten Hertha und Union über 74.000 Zuschauer ins Olympiastadion. Die Rivalität der beiden Klubs war groß und beherrschte lange vor dem Spiel die Schlagzeilen. Hertha befand sich auf dem Weg zurück ins Oberhaus, Union hatte sich im Mittelfeld festgesetzt und spielte eine gute Saison. In der ausverkauften Arena entwickelte sich eine spannende Partie, bei der beide Teams mit gesunder Härte und viel Einsatz agierten. Das Geschehen spielte sich lange Zeit zumeist im Mittelfeld ab, beide Kontrahenten zeigten – wie immer in den Derbys – viel Leidenschaft, angetrieben von der großen Kulisse. Dabei schockten die Unioner die Gastgeber mit zwei Treffern jeweils zu Beginn der beiden Halbzeiten. Terodde hatte schon nach 9 Minuten das 0:1 erzielt und dabei eine Unstimmigkeit zwischen Brooks und Bastians ausgenutzt. Und nach einer Flanke von Mattuschka köpfte Nemec kurz nach der Pause gar zum 0:2 ein.

Hertha-Coach Jos Luhukay stellte sein System auf 4-1-3-2 um und setzte auf totale Offensive. Nach einem Ramos-Kopfball stand es 1:2 und noch eine gute Viertelstunde war zu absolvieren. Es war wieder einmal dem Brasilianer Ronny vorbehalten, seine Mannschaft vor einer Niederlage zu bewahren. Vier Minuten vor dem Abpfiff gelang ihm mit einem Freistoß-Hammer der Ausgleich zum 2:2. Bemerkenswert: Der Georgier Lewan Kobiaschwili gab nach seiner langen Sperre über sieben Monate nach dem Relegationsspiel gegen Düsseldorf im Mai 2012 sein Comeback. Eine starke Leistung des Rekord-Nationalspielers seines Landes, der 100 Länderspiele absolvierte.

Hertha: Kraft, Pekarik, Lustenberger, Brooks, Bastians (46. Kobiaschwili), Niemeyer, Kluge (63. Wagner), Ndjeng, Ronny, Allagui (60. Ben-Hatira), Ramos

Zuschauer: 74.244 im Berliner Olympiastadion

Tore: 0:1 Terodde (9.), 0:2 Nemec (49.), 1:2 Ramos (73.), 2:2 Ronny (86.)

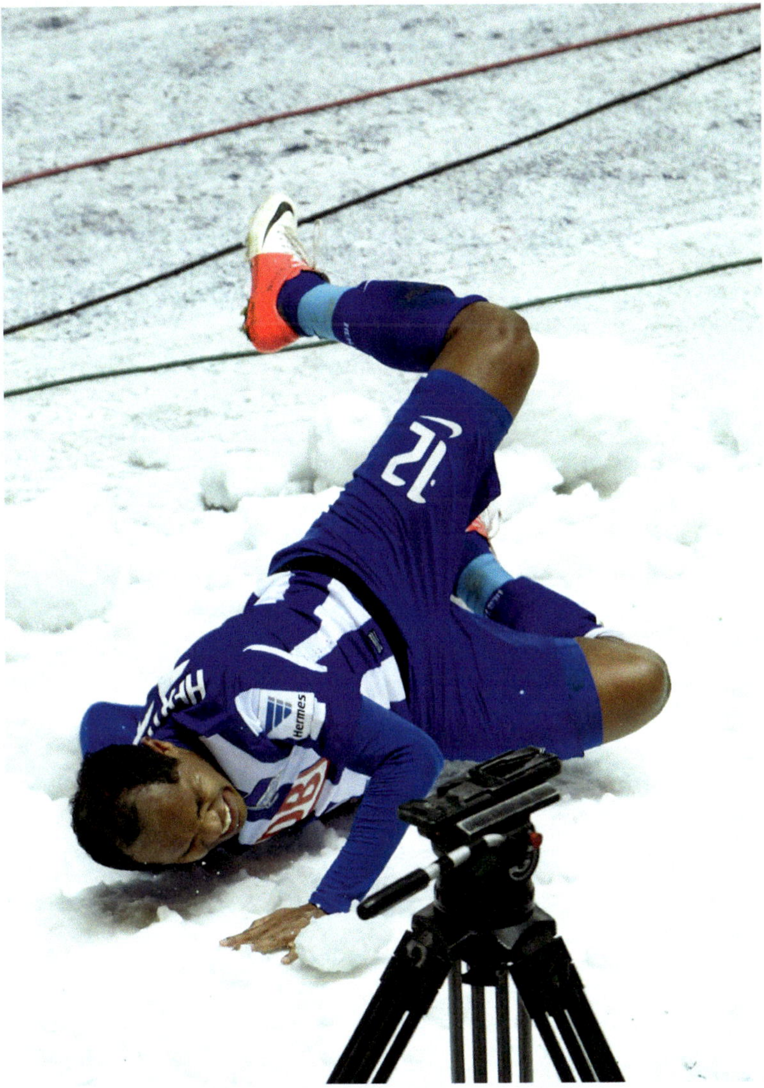

Der Brasilianer Ronny bejubelt seinen späten Ausgleichstreffer zum 2:2 gegen Union

(imago/Camera 4)

Grandioser Auftakt des Aufsteigers

10. August 2013: Hertha BSC – Eintracht Frankfurt 6:1 (2:1)

Nach dem Wiederaufstieg in die Erste Bundesliga unter Trainer Jos Luhukay herrschte Festtagsstimmung im Olympiastadion und die Erwartungen der Fans waren groß. Sie wurden nicht enttäuscht und sogar noch weit überboten. 452 Tage nach dem Abstieg in der unsäglichen Relegation gegen Fortuna Düsseldorf gab es wieder Erstligafußball in Berlin zu sehen.

Hertha war von Beginn an voller Tatendrang, allerdings zeigte sich Gegner Eintracht Frankfurt lange auf Augenhöhe. Gleich dreimal trafen Herthaner die Querlatte des Eintracht-Tores in der ersten Halbzeit: Marcel Ndjeng, Adrian Ramos und Sami Allagui! Der schnelle Kolumbianer Ramos war es, dem das 1:0 gelang, und Abwehrmann John-Antony Brooks traf gar in seinem ersten Bundesligaspiel zum verdienten 2:0. Nach dem 1:2 per Elfmeter überrollte Hertha nach der Pause die Eintracht. Der Japaner Hajime Hosogai gefiel im zentralen Mittelfeld mit Tempo und Spielwitz und im Angriff schwang sich Sami Allagui zum Matchwinner auf. Seine beiden Treffer binnen zwei Minuten entschieden das Duell und dem eingewechselten Aufstiegs-Helden Ronny war das 6:1 vorbehalten. Der Brasilianer war mit Fitnessproblemen aus dem Heimaturlaub zurückgekommen.

Nach dem Abpfiff und einem furiosen Auftakt jubelten die Fans ausgelassen im Stadion – Hertha übernahm als Aufsteiger die Tabellenspitze. Trainer Jos Luhukay freute sich: „Ein wunderschöner Tag für Berlin, die Fans und die Mannschaft. Heute bin ich ein glücklicher Trainer." Stürmer Änis Ben-Hatira sagte: „6:1 – das ist mal ne krasse Ansage!"

Hertha: Kraft, Ndjeng, Langkamp, Brooks, van den Bergh, Lustenberger, Hosogai (83. Kluge), Allagui, Baumjohann (76. Ronny), Ben-Hatira (73. N. Schulz), Ramos

Zuschauer: 54.376 im Berliner Olympiastadion

Tore: 1:0 Ramos (18.), 2:0 Brooks (32.), 2:1 Meier (37./Elfmeter), 3:1 Allagui (58.), 4:1 Allagui (60.), 5:1 Ramos (71.), 6:1 Ronny (89.)

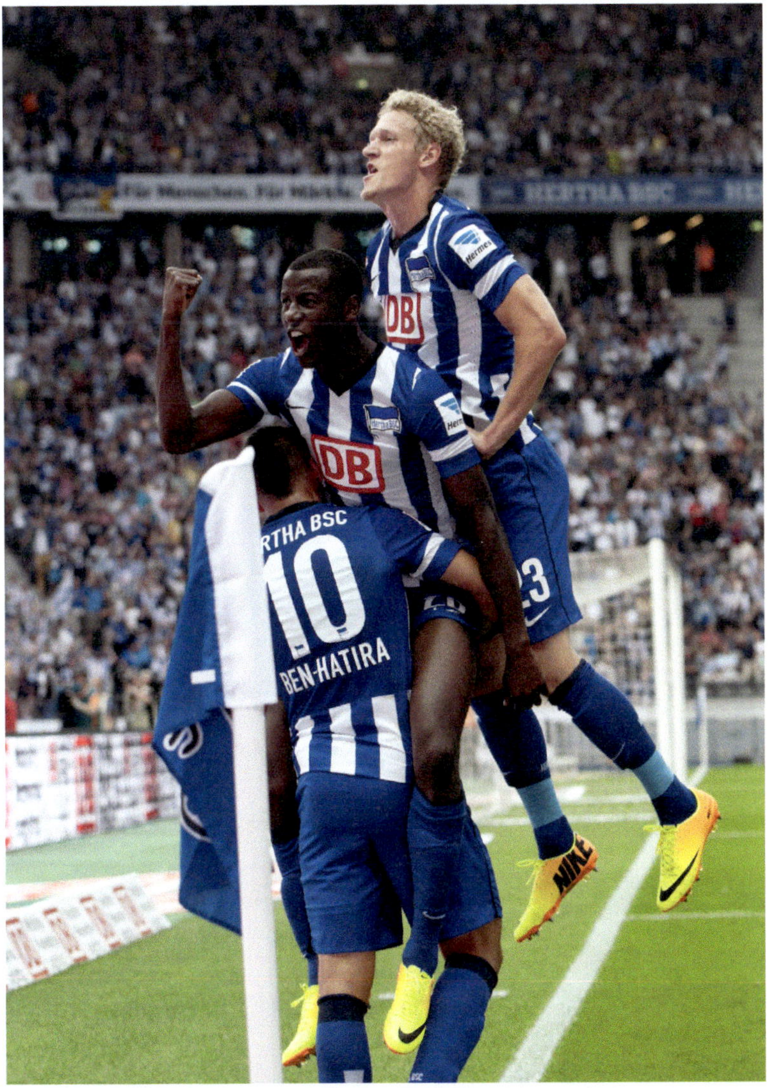

Berliner Jubeltraube nach dem Kantersieg gegen Eintracht Frankfurt:
Änis Ben-Hatira, Adrian Ramos und Johannes van den Bergh (von unten nach oben)

(imago/Sven Simon)

Der geplatzte Traum vom Pokalfinale

20. April 2016: Hertha BSC – Borussia Dortmund 0:3 (0:1)

Herthas Trainer Pal Dardai lebte viele Jahre den Traum vom Erreichen des DFB-Pokalfinales im eigenen Wohnzimmer, dem Olympiastadion. Leider vergeblich. Immer wieder war er dennoch gemeinsam mit seiner Frau Monika und den drei Söhnen Palko, Marton und Bence von seinem Haus in Westend am Endspieltag ins nahe Stadion zu Fuß gelaufen, um als Zuschauer die Pokalfinals zu beobachten. Stets auch mit einem weinenden Auge. Hertha hatte seit 1993, als die Amateure im Endspiel Bayer Leverkusen mit 0:1 unterlagen, nie wieder das Endspiel erreicht.

Erst 2016 war die Mannschaft unter dem Cheftrainer Dardai bis ins Halbfinale vorgedrungen und träumte zu Recht vom großen Triumph. Ganz Fußball-Berlin war in Feststimmung und fieberte dem Duell mit Borussia Dortmund entgegen. Zuvor hatte Hertha stets auswärts Arminia Bielefeld, den FSV Frankfurt, den 1. FC Nürnberg und Heidenheim bezwungen.

Doch vor der Kulisse der 76.000 war Dortmund an diesem Abend eine Nummer zu groß, Hertha spielte gehemmt und kam nie richtig in den Kampfmodus. Die Borussia bestimmte das Spiel und Hertha lauerte auf Konter. Das 0:1 durch Castro war folgerichtig und verdient. Berlins erste Chance gab es kurz vor der Halbzeit, die aber Jens Hegeler vergab. Dardai brachte Alexander Baumjohann und Julian Schieber, um mehr Offensivdruck zu bekommen und die Mannschaft ging mehr ins Risiko. Doch die Treffer von Reus und Mchitarjan zerstörten schnell den Traum der Herthaner vom Endspiel. Bis ins Halbfinale des DFB-Pokals ist eine Hertha-Mannschaft seitdem nicht mehr gekommen.

Hertha: Jarstein, Weiser, Stark, Brooks, Plattenhardt, Lustenberger, Skjelbred, Kalou, Hegeler (62. Baumjohann), Haraguchi (65. Schieber), Ibisevic

Zuschauer: 76.233 im Berliner Olympiastadion

Tore: 0:1 Castro (20.), 0:2 Reus (75.), 0:3 Mchitarjan (83.)

Vorerst letzter Auftritt in der Europa League

7. Dezember 2017: Hertha BSC – Östersunds FK 1:1 (0:0)

Das Duell gegen Östersunds FK aus Schweden bekam nur deshalb eine größere Bedeutung, weil es das bislang letzte Spiel einer Hertha-Mannschaft in der Europa League war. Hertha hatte in der Gruppe mit Athletic Bilbao aus Spanien und Luhansk aus der Ukraine samt Östersunds keine Chance und war nur Letzter geworden. Schon vor dem Match gegen die Schweden stand das Ausscheiden im internationalen Wettbewerb fest. Trainer Pal Dardai schickte eine junge Mannschaft ins Rennen. Jonathan Klinsmann, Sohn von Jürgen Klinsmann, gab im Alter von 20 Jahren als Torhüter sein Profidebüt bei Hertha und auch Trainer-Sohn Palko Dardai stand zum ersten Mal in einem Pflichtspiel der Profis in der Startelf. Trainer Dardai bot die in seiner Zeit als Chef bislang jüngste Mannschaft auf. Sie hatte ein Durchschnittsalter von 23 Jahren und 233 Tagen. Das Team begann offensiv und erspielte sich einige gute Chancen. Palko Dardai traf die Latte (18.) und scheiterte knapp (30.) am Keeper der Schweden.

Doch die Gäste gingen nach einem Eckball mit 0:1 in Führung, waren mit einer etwas offensiveren Ausrichtung nach der Pause aus der Kabine gekommen. Beinahe im Gegenzug schaffte Hertha nach einer schönen Kombination über Palko Dardai und Maximilian Mittelstädt durch Abwehrmann Peter Pekarik den Ausgleich. Nach 86 Minuten verursachte Mittelstädt mit einem eher harmlosen Zweikampf einen Strafstoß. Östersunds Kapitän Nouri scheiterte aber am stark reagierenden Klinsmann, den die Berliner Fans danach feierten. Das Remis gegen die Schweden war ein versöhnlicher Abschluss in den Spielen der Europa League.

Hertha: Klinsmann, Pekarik, Stark (64. Skjelbred), Torunarigha, Mittelstädt, Lazaro, Lustenberger, Palko Dardai (77. Kade), Duda, Haraguchi (80. Weiser), Esswein

Zuschauer: 15.686 im Berliner Olympiastadion

Tore: 0:1 Papagiannopoulos (58.), 1:1 Pekarik (61.)

Verdienter Sieg gegen den FC Bayern

28. September 2018: Hertha BSC – Bayern München 2:0 (2:0)

Der neue Bayern-Trainer Niko Kovac kehrte am 6. Spieltag der Saison 2018/19 in seine Heimatstadt Berlin zurück und musste ausgerechnet dort gegen Hertha BSC seine erste Niederlage als Verantwortlicher des FC Bayern einstecken. Gastgeber Hertha aber jubelte über den ersten Erfolg gegen die Bayern nach zuvor 14 sieglosen Duellen gegen die Münchner.

Hertha, mit Thomas Kraft für den verletzten Rune Jarstein im Tor, spielte von Beginn an mutig und drängte die Bayern in deren Hälfte. München kam nur durch zwei Kopfbälle durch Boateng (14.) und Lewandowski (19.) zu Chancen. Hertha war griffig und spielte in Abwehr und Angriff konsequent. Nach einem ungestümen Einsteigen von Jerome Boateng gegen Salomon Kalou gab es Strafstoß für Berlin, den Vedad Ibisevic sicher verwandelte (23.). Noch vor der Pause gelang dem Team von Trainer Pal Dardai nach einer Traum-Kombination über Kalou und Valentino Lazaro durch den Slowaken Ondrej Duda sogar das verdiente 2:0 (44.).

In der zweiten Halbzeit agierte München offensiver und mühte sich um den Anschlusstreffer, aber Hertha verteidigte clever und zeigte sich sehr kampfstark. Der Erfolg geriet nie ernsthaft in Gefahr, auch weil Bayern dieses Mal zu unstrukturiert agierte und zahlreiche eigene Fehler beging. Selten zuvor gelang Hertha BSC ein so sicherer Sieg gegen den FC Bayern wie an diesem Abend im ausverkauften Olympiastadion.

Hertha: Kraft, Lazaro, Stark, Rekik, Mittelstädt, Skjelbred, Maier, Kalou (71. Lecki), Duda, Dilrosun (92. Jastrzembski), Ibisevic (53. Selke)

Zuschauer: 74.669 im Berliner Olympiastadion

Tore: 1:0 Ibisevic (23./Strafstoß), 2:0 Duda (44.)

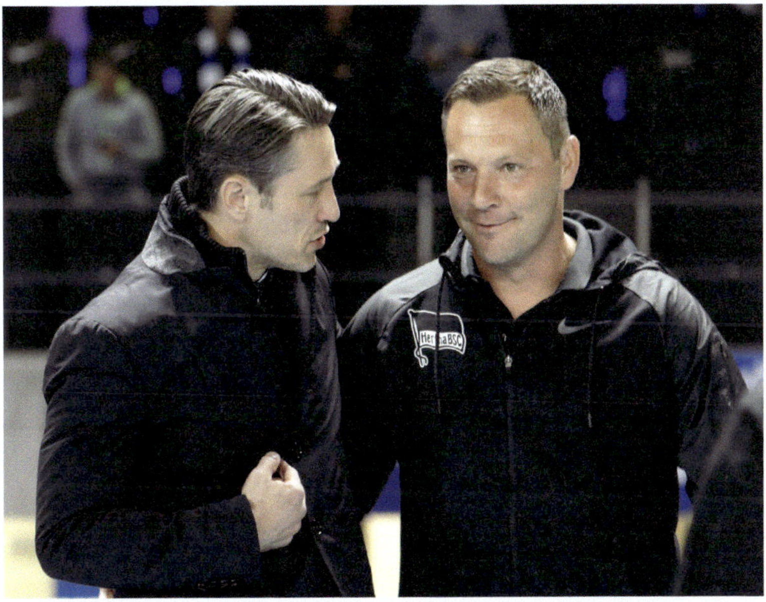

Seltene Momente: 2:0-Sieg gegen den FC Bayern. Die Trainer Niko Kovac und Pal Dardai (imago/Metodi Popow)

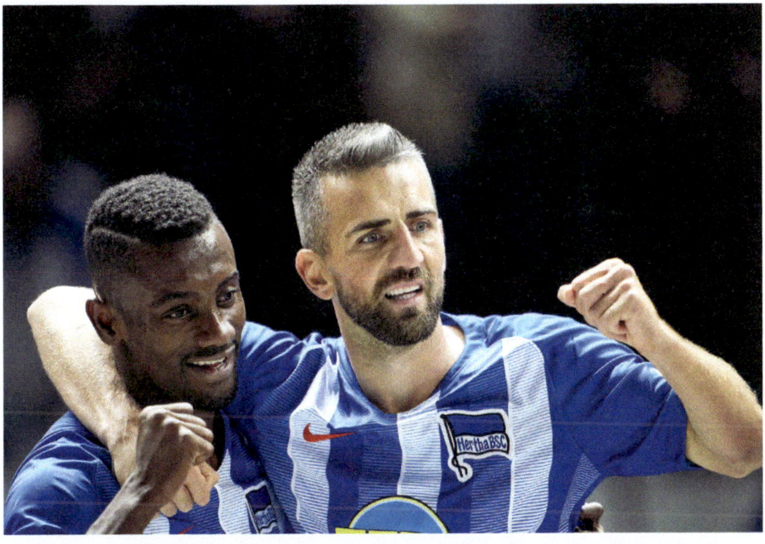

Die Hertha-Stürmer Salomon Kalou und Vedad Ibisevic nach dem 1:0 (imago/ActionPictures)

Dardai-Abschied mit hoher Niederlage

18. Mai 2019: Hertha BSC – Bayer Leverkusen 1:5 (1:2)

Am 34. und letzten Spieltag der Saison 2018/19 empfing Hertha die überaus motivierte Mannschaft von Bayer Leverkusen, die noch die Chance besaß, in die Champions League zu gelangen. Bei Hertha dagegen ging es in diesem Duell auch um den Abschied zweier Klub-Legenden. Es war das letzte Spiel für Pal Dardai als Cheftrainer nach viereinhalb Jahren in der Verantwortung und auch der letzte Auftritt des Schweizers Fabian Lustenberger, der sehr viel für Hertha geleistet hatte und viele Jahre als feste und zuverlässige Größe im blau-weißen Kosmos galt. Zudem führte er einige Zeit das Team auch als Kapitän an. Lustenberger, in der Abwehr und im Mittelfeld zu Hause, kam auf 220 Erstligaspiele und 51 Einsätze in der Zweiten Liga für Hertha BSC. Dardai gab Lustenberger symbolisch noch einmal die Kapitänsbinde für den etatmäßigen Spielführer Vedad Ibisevic.

Leider fiel der Abschied der beiden Klub-Ikonen sportlich äußerst negativ aus. Bayer begann zwar abwartend und meist spielte sich das Geschehen im Mittelfeld ab, aber nach einer halben Stunde nahm die Partie deutlich an Fahrt auf. Die Bayer-Führung durch Supertalent Kai Havertz glich Herthas Valentino Lazaro schnell aus, aber danach schlug die große Stunde des Argentiniers Lucas Alario. Der Angreifer von Bayer traf dreimal, dazu kam ein Tor durch Julian Brandt. Nach dem 1:3 war bereits die Vorentscheidung gefallen, Hertha konnte dem Angriffswirbel der Gäste nichts mehr entgegensetzen und ging mit 1:5 unter. Bayer schaffte am Ende Platz 4 und zog in die Champions League ein, Hertha landete auf Rang 11. Die knapp 60.000 Zuschauer aber würdigten nach dem Abpfiff Dardai und den beliebten Profi Fabian Lustenberger mit viel Beifall.

Hertha: Kraft, Klünter (46. Mittelstädt), Lustenberger, Rekik, Plattenhardt, Skjelbred (46. Dilrosun), Lazaro, Duda, Grujic, Kalou, Ibisevic (72. Köpke)

Zuschauer: 59.287 im Berliner Olympiastadion

Tore: 0:1 Havertz (28.), 1:1 Lazaro (34.), 1:2 Alario (38.), 1:3 Brandt (54.), 1:4 Alario (72.), 1:5 Alario (88.)

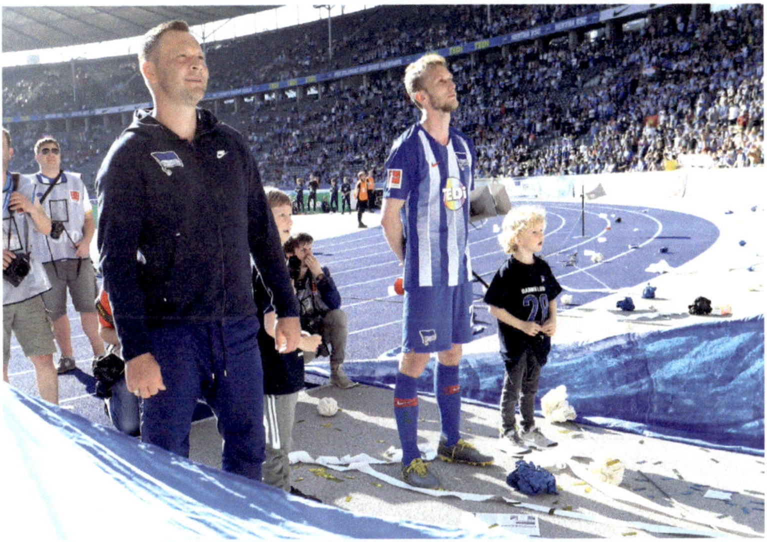

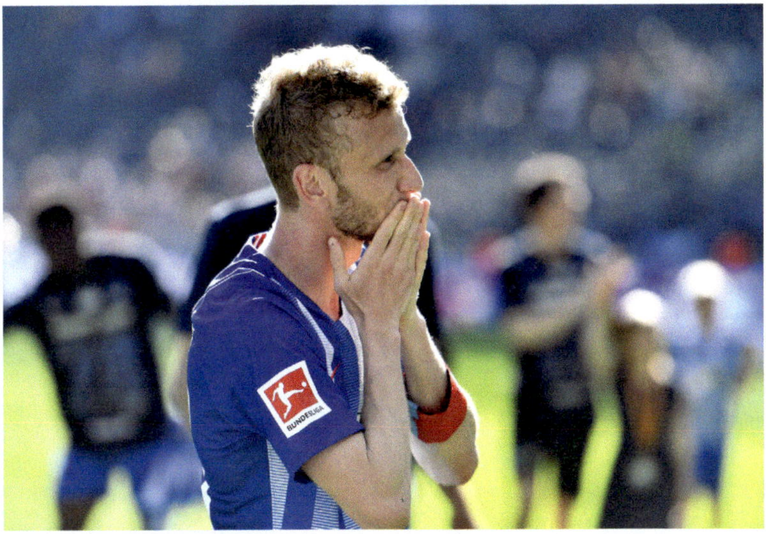

Zweimal Abschied im Mai 2019: Trainer Pal Dardai, dessen Vertrag nicht verlängert wurde, und der Schweizer Fabian Lustenberger, der über 300 Pflichtspiele für Hertha bestritt (oben: imago/Nordphoto; unten: imago/Bernd König)

Bittere Niederlage in der Alten Försterei

2. November 2019: 1. FC Union Berlin – Hertha BSC 1:0 (0:0)

Der Hype um das erste Stadtderby in der Ersten Bundesliga zwischen dem Aufsteiger Union und Hertha elektrisierte einige Wochen vor dem Anpfiff die Stadt Berlin. Sticheleien zwischen den Fans beider Klubs, aber auch zwischen den Verantwortlichen gab es zur Genüge. Für die Anhänger beider Lager ging es auch um die symbolträchtige „Stadtmeisterschaft". Bei Hertha stand Ante Covic, der Dardai abgelöst hatte, als neuer Trainer an der Seitenlinie. Der ehemalige Coach der U23 von Hertha hatte seine Mannschaft vor allem defensiv eingestellt, zeigte Respekt vor den engagierten Gastgebern. Lange Zeit neutralisierten sich beide Teams, Höhepunkte blieben rar. Nur der Unioner Christopher Lenz traf mit einem Kopfball nach drei Minuten den Pfosten. Hertha ließ wenig zu, kam aber selbst zu keinen strukturierten Angriffen. Dafür passierte Unerfreuliches auf den Rängen in der prall gefüllten engen Arena. In der zweiten Halbzeit wurde in beiden Lagern Pyrotechnik gezündet, die sogar auf dem Rasen und neben den Trainerbänken landete. Der umsichtige Referee Deniz Aytekin unterbrach die Partie für sechs Minuten. Erst als sich der Nebel verzogen hatte, konnte weitergespielt werden.

Union agierte aggressiver, aber irgendwie schienen beide Mannschaften mit einem torlosen Remis zufrieden zu sein. Kurz vor dem Abpfiff aber ging Dedryck Boyata, Herthas Abwehrchef, im eigenen Strafraum zu ungestüm gegen Christian Gentner vor. Den fälligen Strafstoß verwandelte Sebastian Polter sicher und eiskalt und stieg zum Derby-Helden auf. Wieder flogen Bengalos aus dem Hertha-Block und vermummte Unioner stürmten den Rasen, wurden aber von den eigenen Profis aufgehalten. Ein unschönes Ende des Derbys.

Hertha: Jarstein, Klünter, Stark, Boyata, Mittelstädt (89. Selke), Skjelbred (46. Löwen), Grujic, Wolf, Dilrosun, Lukebakio, Ibisevic (78. Kalou)

Zuschauer: 22.012 im Stadion an der Alten Försterei

Tor: 1:0 Polter (87./Foulelfmeter)

Knappe Niederlage beim Klinsmann-Debüt

30. November 2019: Hertha BSC – Borussia Dortmund 1:2 (1:2)

Das Experiment mit Ante Covic, dem U23-Trainer der Hertha, als neuen Chefcoach der Profis zu Beginn der Saison 2019/20 war gescheitert. Nach einem 0:4 beim FC Augsburg am 12. Spieltag erfolgte die Trennung. Mit viel Ballyhoo war der ehemalige deutsche Bundestrainer und einstige Nationaltrainer der USA, Jürgen Klinsmann, in Berlin als neuer Cheftrainer vorgestellt worden. Bei Klinsmanns Präsentation platzte der Medienraum von Hertha BSC aus allen Nähten. Die Erwartungen in den als Motivator bekannten ehemaligen Weltklasse-Stürmer und Weltmeister von 1990 waren riesengroß. Bei seinem ersten Spiel auf der Bank der Hertha gegen Borussia Dortmund war das Olympiastadion mit über 74.000 Zuschauern restlos ausverkauft. Klinsmann selbst gefiel das aufregende Szenario, er filmte vor Anpfiff mit seinem Smartphone das weite Stadionrund, was ihm später Kritik einbrachte.

Hertha begann aggressiv und drängte die Borussia unter Trainer Lucien Favre in die Defensive. Doch nach einem Doppelschlag durch Treffer von Sancho und Hazard binnen zwei Minuten zeigte sich die Mannschaft kurz geschockt. Es war Vladimir Darida, der nach einem Schuss von Dodi Lukebakio noch vor der Pause das 1:2 erzielte. Zudem sah Mats Hummels nach einem Foul an Davie Selke die Gelb-Rote Karte und Dortmund musste in Unterzahl die zweite Halbzeit bestreiten. Nach 48 Minuten jubelte das Stadion, auf der Anzeigetafel leuchtete das 2:2 durch Davie Selke auf. Doch plötzlich wurde der Videobeweis bemüht und der Treffer wegen Abseits aberkannt. Selkes Fußspitze war wohl wenige Zentimeter im Abseits. Hertha machte weiter Druck, aber die Borussia verteidigte mit Mann und Maus und überstand auch eine hektische Schlussphase. „Wir hatten mehr verdient", klagte Klinsmann nach dem Duell.

Hertha: Kraft, Stark (68. Dilrosun), Boyata, Rekik, Skjelbred, Wolf, Mittelstädt, Grujic, Darida (78. Kalou), Selke, Lukebakio (68. Ibisevic)

Zuschauer: 74.667 im Berliner Olympiastadion

Tore: 0:1 Sancho (15.), 0:2 T. Hazard (17.), 1:2 Darida (34.)

Siegreich im ersten Geisterspiel

16. Mai 2020: TSG 1899 Hoffenheim – Hertha BSC 0:3 (0:0)

Das Duell am 26. Spieltag der Saison 2019/20 wies in zweierlei Hinsicht ein Novum auf: Es war das erste Geisterspiel in der Geschichte von Hertha BSC und der erste Auftritt von Bruno Labbadia als neuem Cheftrainer. Die außergewöhnliche Spielzeit war plötzlich vom Ausbruch des Corona-Virus geprägt. Anfang März 2020 ging der 25. Spieltag noch mit Zuschauern in den Stadien über die Bühne – Hertha und Werder Bremen trennten sich vor 58.000 Fans im Olympiastadion 2:2, ehe die Liga wegen der Pandemie über zwei Monate pausieren musste. Hertha hatte sich inzwischen von Trainer Alexander Nouri getrennt und den erfahrenen Bruno Labbadia verpflichtet. Er war nach Ante Covic, Jürgen Klinsmann und Nouri bereits der vierte Coach in einer Saison!

Labbadia schickte vor leeren Rängen in Sinsheim eine engagierte Mannschaft ins Stadion, die sich natürlich wie alle anderen Teams auch erst an die ungewöhnliche Atmosphäre gewöhnen musste. Im Fernsehen war fast jeder Zuruf auf dem Rasen zu hören – eben ein geisterhaftes Umfeld. Nachdem sich Hertha zunächst auf die Abwehr konzentriert hatte, wurde das Team zunehmend munterer und spielfreudiger.

Vor allem Vedad Ibisevic, der einst auch Tore für Hoffenheim erzielt hatte, war mit seiner Cleverness und seinem Spielwitz ein ständiger Unruheherd. Aber erst ein Eigentor durch Akpoguma brachte Hertha in Führung, zwei Minuten später war es Ibisevic, der nach einer schönen Flanke von Mittelstädt per Kopf zum 0:2 traf. Eine Einzelaktion des Brasilianers Matheus Cunha brachte gar das 0:3. Ein sehr guter Einstand für Trainer Bruno Labbadia – und dass trotz der Geisterkulisse.

Hertha: Jarstein, Pekarik, Boyata, Torunarigha, Plattenhardt, Grujic, Skjelbred (87. Ascacibar), Lukebakio (79. Ngankam), Cunha (78. Maier), Mittelstädt (90. Dilrosun), Ibisevic (79. Piatek)

Zuschauer: keine in Sinsheim (PreZero Arena)

Tore: 0:1 Akpoguma (58./Eigentor), 0:2 Ibisevic (60.), 0:3 Cunha (74.)

Klare Derby-Kante

22.Mai 2020: Hertha BSC – 1. FC Union 4:0 (0:0)

Im zweiten Geisterspiel für Hertha war der Stadtrivale Union zu Gast im Olympiastadion. Das Duell war die Heimpremiere für Trainer Bruno Labbadia. Die Mannschaft wollte die bittere 0:1-Niederlage aus dem Hinspiel an der Alten Försterei – noch unter Trainer Ante Covic – vergessen machen. Leider konnten wegen der Pandemie keine Hertha-Fans den hohen Sieg live miterleben. Zum ersten Mal stand Abwehrspieler Marton Dardai, der zweitälteste Sohn von Pal Dardai, im Bundesliga-Kader, kam aber noch nicht zum Einsatz.

Lange herrschte hohe taktische Disziplin auf beiden Seiten. Hertha besaß allerdings mehr Spielanteile, ohne sich die ganz großen Chancen zu erarbeiten. Die Gastgeber versuchten, in der umkämpften ersten Halbzeit mit schnellen Angriffen zum Erfolg zu kommen. Union kam nur nach einem gefährlichen Freistoß von Robert Andrich, der einst auch für Hertha gespielt hatte, zu einer großen Chance (44.). Nach der Pause wurde das Geschehen einseitiger, Hertha dominierte nach den beiden Treffern binnen zwei Minuten das Duell. Ibisevic, der an drei der vier Treffer beteiligt war, hatte zuerst per Kopfball die Führung erzielt, Dodi Lukebakio legte sofort zum 2:0 nach. Nach dem 3:0 durch Matheus Cunha war die Partie entschieden und Dedryck Boyata, Herthas Abwehrchef, setzte mit einem Kopfball zum 4:0 den Schlusspunkt. Schon nach dem 3:0 gab es kaum mehr ernsthafte Gegenwehr durch die Unioner. Die Gastgeber hatten sich nach der 0:1-Niederlage im Hinspiel rehabilitiert und Herthas Anhang feierte nun den symbolischen Titel eines „Stadtmeisters“. Labbadia verhalf neun Minuten vor dem Abpfiff dem erst 18-Jährigen Talent Lazar Samardzic zu seinem Bundesliga-Debüt.

Hertha: Jarstein, Pekarik, Boyata, Torunarigha, Plattenhardt, Grujic, Skjelbred (81. Samardzic), Lukebakio (75. Dilrosun), Cunha (66. Mittelstädt), Darida (80. Maier), Ibisevic (75. Piatek)

Zuschauer: keine im Berliner Olympiastadion

Tore: 1:0 Ibisevic (51.), 2:0 Lukebakio (52.), 3:0 Cunha (61.), 4:0 Boyata (77.)

Torfestival endet mit einer Blamage

11. September 2020: Eintracht Braunschweig – Hertha BSC 5:4 (3:2)

Im ersten Spiel der Saison 2020/21 traf Hertha BSC in der ersten Runde des DFB-Pokals in Braunschweig auf den Zweitliga-Aufsteiger Eintracht. Im Aufgebot der Berliner hatte sich einiges verändert. Die einstigen Führungsspieler Vedad Ibisevic, Salomon Kalou und Per Skjelbred hatten den Verein verlassen und noch waren nicht alle Zugänge verpflichtet worden. Trainer Bruno Labbadia setzte mit Torhüter Alexander Schwolow und dem Franzosen Lucas Tousart in Braunschweig zwei Neuzugänge ein. Tousart war mit einer Ablösesumme von 25 Millionen Euro – er kam von Olympique Lyon – der bislang teuerste Transfer in der Hertha-Geschichte. Die beiden Zugänge aber gerieten in eine turbulente Partie, die mit einer Blamage für den Favoriten endete.

Die wegen der Corona-Bestimmungen lediglich 500 zugelassenen Fans machten Lärm wie tausende Zuschauer und sahen ein Spektakel. Eintracht-Kapitän Martin Kobylanski stieg zum Pokal-Helden auf und traf dreimal ins Berliner Tor. Er hatte zuvor die Eintracht mit 18 Toren maßgeblich in die Zweite Liga geschossen. Schon nach 63 Sekunden schlug es hinter Schwolow ein und die Turbulenzen nahmen ihren Lauf. Das Spiel erlebte ständig neue Wendungen. Hertha dominierte, aber Braunschweig erzielte die Tore, war unglaublich effizient und profitierte von schweren Fehlern in der Hertha-Abwehr. Labbadias späte Wechsel erstaunten dabei. Er brachte erst beim Stand von 5:3 für Eintracht drei neue Profis auf den Platz. Irgendwie hatte sich die Blamage angedeutet, denn Hertha hatte bereits alle seine drei Testspiele vor Saisonbeginn verloren …

Hertha: Schwolow, Pekarik, Stark, Rekik, Plattenhardt (74. Maier), Darida (78. Duda), Tousart, Leckie (74. Dilrosun), Cunha, Mittelstädt, Lukebakio

Zuschauer: 500 im Eintracht-Stadion Braunschweig

Tore: 1:0 Kobylanski (2.), 2:0 Mittelstädt (17. Eigentor), 2:1 Lukebakio (23.), 2:2 Cunha (29.), 3:2 Kobylanski (44.), 3:3 Pekarik (65.), 4:3 Kobylanski (66.), 5:3 Abdullahi (73.), 5:4 Lukebakio (83.)

Untergang beim FC Bayern

28. August 2021: Bayern München – Hertha BSC 5:0 (2:0)

Am dritten Spieltag der Saison 2021/22 kam Hertha beim FC Bayern mit 0:5 unter die Räder. Es war im dritten Spiel die dritte Niederlage und Berlin stand deshalb am Tabellenende. In München entwickelte sich ein einseitiges Duell, in dem Hertha meist nur reagieren, aber nie ein eigenes Spiel aufziehen konnte. Dabei hatte das Team von Trainer Pal Dardai recht forsch begonnen und zwei Chancen durch Davie Selke (2./5.). Danach aber dominierten die Bayern das Geschehen, wie sie wollten, und machten die Hertha regelrecht zum Spielball. Drei Treffer gingen auf das Konto von Robert Lewandowski, gegen den die Hertha-Abwehr nie eine Chance besaß. Am Ende hätte Hertha auch mit 0:6 oder 0:7 untergehen können, aber die Bayern hatten irgendwann auch Erbarmen mit den Gästen. Hertha musste zudem noch während des Spiels die verletzten Stevan Jovetic und Selke ersetzen.

Noch mehr Wellen als das Spiel selbst verursachte der in die Kritik geratene Pal Dardai nach dem Duell. Er sagte zu seiner Zukunft unter anderem: „Ich hänge nicht an meinem Sitz. Ich helfe aus. Ich will hier keine Last sein. Wahrscheinlich sucht Hertha schon lange nach einem großen Trainer. Pal ist nur ein kleiner, netter Trainer."

Diese Aussagen sollten Dardai später auf die Füße fallen, wie die Reaktion von Sportchef Fredi Bobic zeigte. Als der Ungar nach dem 13. Spieltag entlassen wurde, kamen diese Aussagen noch einmal hoch und hatten Bobic bestärkt, einen Trainerwechsel vorzunehmen.

Hertha: Schwolow, Zeefuik (61. Richter), Boyata, Stark, Mittelstädt, Tousart, Ascacibar, Lukebakio (61. Belfodil), Serdar (78. Darida), Jovetic (20. Dilrosun), Selke (61. Klünter)

Zuschauer: 25.000 in der Münchner Allianz-Arena

Tore: 1:0 Müller (6.), 2:0 Lewandowski (35.), 3:0 Musiala (49.), 4:0 Lewandowski (70.), 5:0 Lewandowski (84.)

Ein Sieg des Willens

19. März 2022: Hertha BSC – TSG 1899 Hoffenheim 3:0 (1:0)

Die abstiegsbedrohte Hertha hatte sich von Trainer Tayfun Korkut getrennt und überraschend Altmeister Felix Magath verpflichtet. Der fehlte am 27. Spieltag allerdings im Spiel eins unter seiner Regie wegen eines positiven Corona-Befundes. So coachte sein emotionaler Assistent Mark Fotheringham, ein ehemaliger schottischer Profi, das Team gegen Hoffenheim. Magath aber wurde aus seinem Berliner Hotelzimmer in Mitte per Video vor Anpfiff in die Kabine zugeschaltet und auch in der Halbzeit sprach er auf diesem Weg zur Mannschaft.

Fotheringham trieb das Team von der ersten Minute an und die Spieler kämpften verbissen, zeigten ein ganz anderes Gesicht als in den schwachen Partien zuvor. Das Publikum stand hinter der Mannschaft. Zum Matchwinner wurde Marvin Plattenhardt, der mit drei raffiniert geschlagenen Freistößen an allen drei Treffern beteiligt war. Zuerst versenkte Niklas Stark, der auf der Sechser-Position ein hervorragendes Spiel bot, per Kopf den Freistoß zum 1:0. Später waren Belfodil und der Franzose Tousart erfolgreich.

Hertha agierte aggressiv, ging energisch in die Zweikämpfe und beeindruckte den Gegner. Immer wieder konterte Hertha gefährlich und ließ der TSG wenig Spielraum. Hertha war im 4-1-4-1-System angetreten und blieb bis zum Abpfiff wach, geriet nie Bedrängnis. Am Ende feierten die Fans ausgiebig einen Sieg des Willens der Mannschaft, die nach diesem Auftritt wieder Hoffnung auf den Klassenerhalt machte. Besonders Mark Fotheringham stand danach im Fokus, weil er unglaublich engagiert das Team zum Erfolg geführt und seinen Chef Felix Magath würdig vertreten hatte.

Hertha: Schwolow, Pekarik, Boyata, Kempf, Plattenhardt, Stark, Richter (82. Kade), Tousart (90. M. Dardai), Ascacibar (90. Gechter), Serdar (68. Mittelstädt), Belfodil (81. Selke)

Zuschauer: 25.000 im Berliner Olympiastadion (ausverkauft/geringe Kapazität wegen Corona)

Tore: 1:0 Stark (39.), 2:0 Belfodil (63.), 3:0 Tousart (74.)

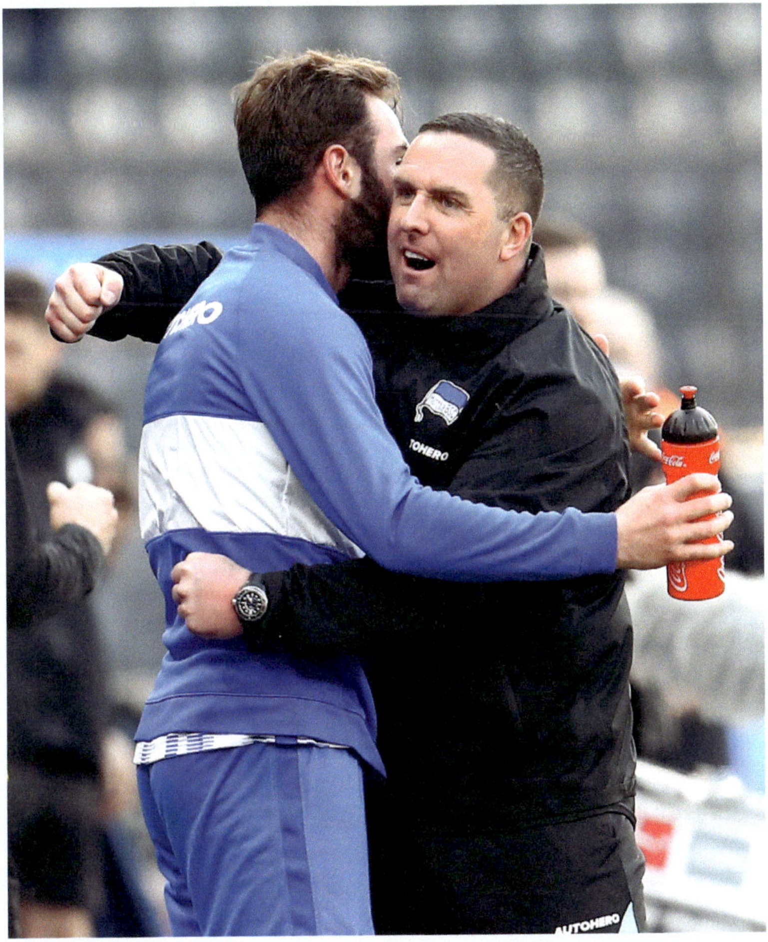

Der Franzose Lucas Tousart und Co-Trainer Mark Fotheringham nach dem wichtigen 3:0-Sieg gegen Hoffenheim (imago/Fotostand)

Hoffnung auf den Klassenerhalt

24. April 2022: Hertha BSC – VfB Stuttgart 2:0 (1:0)

Am 31. Spieltag der Saison 2021/22 steckte Hertha tief im Abstiegskampf, hatte aber zuvor mit einem 1:0 beim FC Augsburg einen wichtigen Auswärtssieg errungen. Nun wartete im Olympiastadion mit dem VfB Stuttgart ein unmittelbarer Konkurrent im Tabellenkeller, der intensiv und leidenschaftlich um den Klassenerhalt kämpfte.

Hertha startete vehement und offensiv. Es war der schlaksige Angreifer Davie Selke, der mit einem Bilderbuchtor das Team von Trainer Felix Magath in Führung brachte – und das bereits nach vier Minuten. Marvin Plattenhardt, der wieder sehr gute Standards schlug, lieferte mit einer Musterflanke die Vorarbeit. Selke nahm den Ball volley und drosch ihn ins Netz. Es war einer der schönsten Treffer für die Berliner in dieser oft so desaströsen Saison. Danach entwickelte sich ein typischer Abstiegsfight, der sich meist zwischen den beiden Strafräumen abspielte. Beide Abwehrreihen arbeiteten sehr konzentriert und ließen kaum Chancen zu. Hertha verteidigte mit Glück und Geschick den knappen Vorsprung. Marc-Oliver Kempf rettete zweimal in höchster Not und Santiago Ascacibar verdiente sich als laufstärkster Spieler auf dem Platz (12,88 Kilometer) ein Extralob. Die Berliner Fans unterstützten ihre Mannschaft intensiv und lautstark, die Profis dankten es mit großem Kampfgeist.

Doch Spieler und Fans mussten bis zur Nachspielzeit um den Sieg bangen. Erst Ishak Belfodil erlöste den Berliner Anhang mit seinem späten Treffer zum 2:0 in der 93. Minute. Der anschließende Jubel kannte kaum Grenzen. Die Stimmung im Stadion war wunderbar, weil sich Hertha Luft im Abstiegskampf verschafft hatte und nun beste Voraussetzungen besaß, den Klassenerhalt aus eigener Kraft zu schaffen.

Hertha: Lotka, Pekarik, Boyata, Kempf, Plattenhardt (46. Björkan), Ascacibar, Tousart, Darida (74. Stark), Boateng (63. Belfodil), Serdar (63. Mittelstädt), Selke (78. Ekkelenkamp)

Zuschauer: 54.589 im Berliner Olympiastadion

Tore: 1:0 Selke (4.), 2:0 Belfodil (90.+3)

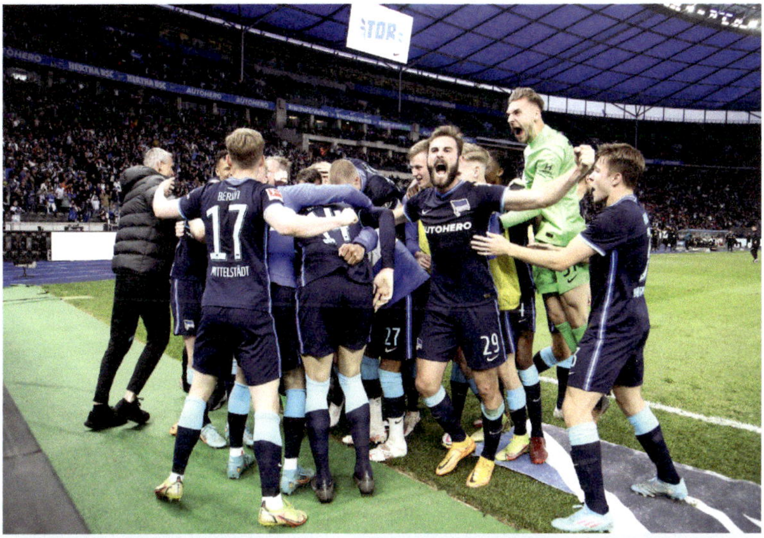

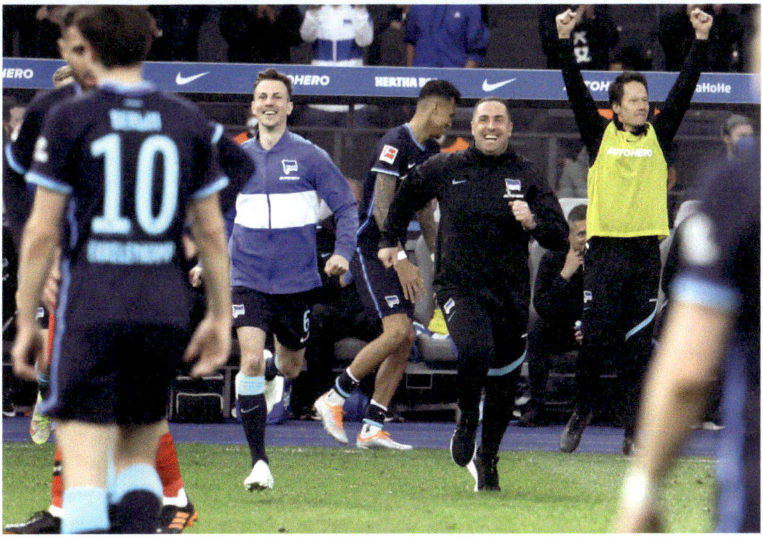

Riesenjubel nach dem 2:0 gegen den unmittelbaren Konkurrenten VfB Stuttgart. Der Klassenerhalt schien ganz nahe (oben: imago/Contrast; unten: imago/Nordphoto)

Rettung im letzten Moment

23. Mai 2022: Hamburger SV – Hertha BSC 0:2 (0:1)

Nach einer desaströsen Saison musste Hertha BSC als 16. der Erstliga-Tabelle in die Relegation gegen den Dritten der Zweiten Liga, den Hamburger SV. „Nie wieder Relegation" hatte es einst bei Hertha geheißen, als die Mannschaft im Mai 2012 in der Relegation gegen Fortuna Düsseldorf und einem Skandalspiel am Rhein (2:2, zuvor 1:2) abgestiegen war. Doch zehn Jahre später – im Mai 2022 – musste man erneut in die ungeliebten Entscheidungsspiele gehen.

Hertha BSC ist nicht dafür bekannt, in solchen K.o.-Duellen erfolgreich zu sein. Im ersten Spiel gegen den HSV, der nach vier Jahren in Liga zwei endlich nach oben wollte, zeigte Gastgeber Hertha am 19. Mai im ausverkauften Berliner Olympiastadion eine überaus schwache Leistung und unterlag den Hamburgern verdient mit 0:1. Nur noch wenige Experten und Fans gaben der Hertha eine Chance auf den Klassenerhalt. Aber es kam anders.

Nur vier Tage später spielte das Team von Altmeister Felix Magath wie verwandelt auf. Dass ganz Hamburg schon im Aufstiegsfieber war, spielte keine Rolle. Chefcoach Magath hatte vor seinem letzten Spiel als Hertha-Verantwortlicher den Druck geschickt auf die Hamburger gelenkt. „Wir können nur gewinnen, der HSV alles verlieren. Die stehen unter Druck." Magath behielt Recht. Er hatte nach intensiver Rücksprache mit seinen Führungsspielern das Team vor allem mit den erfahrenen Profis besetzt und Kevin-Prince Boateng als Anführer auserkoren. „Der ist ein Final-Spieler", lobte Magath. Prince Boateng lieferte tatsächlich sein wohl bestes Spiel in dieser Saison ab, dirigierte und kämpfte – so wie ausnahmslos alle seine Mitspieler.

Nach einem Eckball von Marvin Plattenhardt köpfte Kapitän Dedryck Boyata schon nach vier Minuten zum 0:1 ein und nach 63 Minuten traf der bärenstarke Plattenhardt mit einem raffiniert und wuchtig getretenen Freistoß zum 0:2. Es war das wichtigste Tor, das der ehemalige Nationalspieler für Hertha erzielt hatte. Die Mannschaft verteidigte später aufopferungsvoll den Vorsprung, verhinderte einen Gegentreffer des HSV, der eine Verlängerung oder gar noch ein Elfmeterschießen zur Folge gehabt hätte. Vor allem Santiago Ascacibar und Lucas Tousart im Mittelfeld rannten und grätschten wie die Berserker – mehr Kampfgeist geht nicht. In Hamburg, im Hexenkessel des Volksparkstadions, lieferte die Mannschaft das beste Spiel der Saison ab, zeigte, was eigentlich in ihr steckte.

Der 2:0-Erfolg war der wichtigste Sieg der zurückliegenden Jahre für Hertha BSC. Nach diesem Erfolg bleibt Hertha auch im 130. Jahr des Bestehens Mitglied der Ersten Bundesliga.

Hertha: Christensen, Pekarik, Boyata, Kempf, Plattenhardt (81. Björkan), Tousart, Ascacibar, Serdar (85. Stark), Boateng (89. Darida), Jovelic, Belfodil (82. Maolida)

Zuschauer: 57.000 im Hamburger Volksparkstadion

Tore: 0:1 Boyata (4.), 0:2 Plattenhardt (63.)

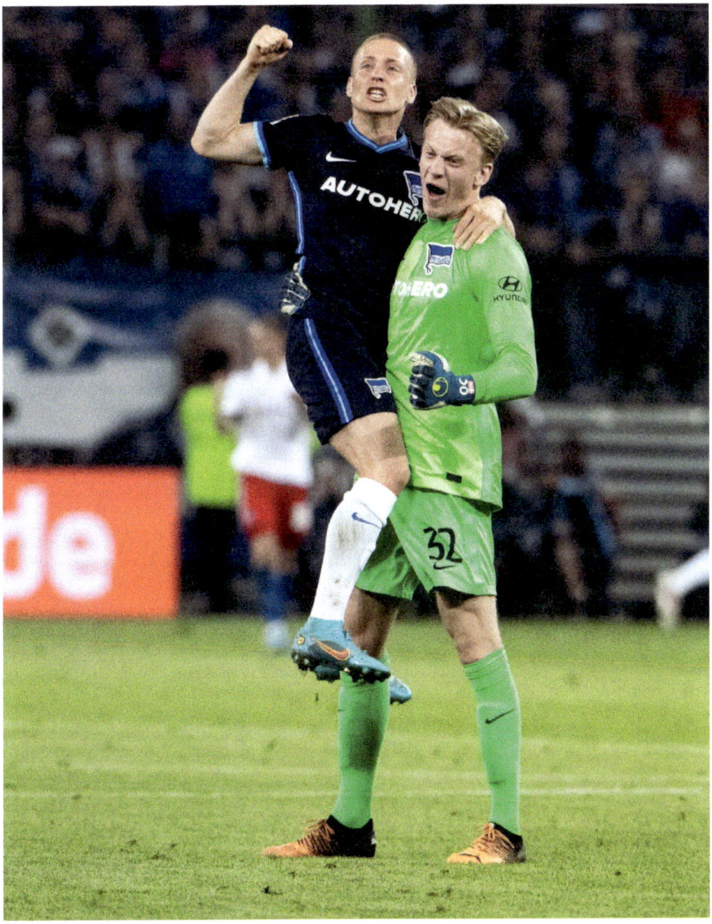

Glückliches Ende einer dramatischen Saison: Santiago Ascacibar und Keeper Oliver Christensen feiern den Nicht-Abstieg (imago/Eibner)

Epilog

Hoffen auf eine bessere Zukunft

Als Christian Becker, der Chef des Arete Verlages und ich als Autor die Idee zu diesem Buch entwickelten, gingen wir beide davon aus, dass Hertha BSC eine ordentliche Saison 2021/22 spielt, im Mittelfeld der Liga landet und vielleicht sogar einen kleinen Schritt nach vorn in Richtung obere Tabellenhälfte vollziehen kann. Zahlreiche erfolgreiche Duelle wollten wir in die Reihe der „100 wichtigsten Spiele" in dieses Buch aufnehmen. Doch es kam ganz anders. Alle, die es mit der Hertha halten, mussten im dritten Jahr in Serie um den Klassenerhalt bangen – diese Mal sogar bis zur ungeliebten Relegation gegen den Dritten der Zweiten Liga, den Hamburger SV. Erst im letzten Moment konnte der Klassenerhalt gesichert werden. Viel mehr Drama ging nicht.

Beinahe hätte Hertha BSC seinen 130. Geburtstag am 25. Juli 2022 als Zweitligist begehen müssen – so wie einst den 100. Jahrestag im Sommer 1992. Damals, in der Spielzeit 1991/92, hatte Hertha in der 2. Liga Nord Tabellenplatz sechs belegt und war in der anschließenden Aufstiegsrunde zur Ersten Liga gescheitert. Es dauerte noch einige Jahre, ehe Hertha die Rückkehr in die Beletage des deutschen Fußballs unter Cheftrainer Jürgen Röber und Manager Dieter Hoeneß gelang.

30 Jahre danach, in der turbulenten Saison 2021/22, arbeiteten gleich drei Trainer für Hertha – Pal Dardai, Tayfun Korkut und Felix Magath. Letzterer, einer der erfahrensten Fußball-Lehrer der Bundesliga, avancierte schließlich zum Retter und hielt die Mannschaft in der Ersten Liga. Diese Leistung war auch für den Altmeister Magath ein enormer Kraftakt und seine „bislang schwierigste Aufgabe", wie er selbst zugab.

Hertha BSC, das steht nach den zurückliegenden drei Jahren fest, muss sich erneuern – personell und strukturell. Das betrifft nicht nur den Bereich der Profis, sondern die Klubführung, die Geschäftsstelle, die Fußball-Akademie und alle Abteilungen. Der Berliner Unternehmer Werner Gegenbauer, der den Verein als Präsident 14 Jahre führte, hat mit seinem Rücktritt nach Saisonschluss Platz gemacht für einen Neuanfang an der Spitze des Traditionsvereins. Auf der Mitgliederversammlung am 29. Mai trat auch der langjährige Vizepräsident Thorsten Manske auf Druck der Mitglieder zurück. Die Voraussetzungen für einen Neustart sind nun gegeben. Viel war die Rede davon, eine „neue alte Dame Hertha" zu schaffen. Der dringende Wunsch nach Veränderung ist im 41.200 Mitglieder starkem Verein (Stand: Ende Mai 2022) riesengroß. Eine offene Kommunikation, bessere Einbeziehung der Mitglieder und Fans in wichtige Entscheidungen, Klärung der Stadionfrage und natürlich der sportliche Erfolg auf dem Rasen sind die ersten Ziele.

Den 130. Geburtstag der Hertha wird man mit einem neuen Präsidenten an der Spitze feiern. Auch der Aufsichtsrat, das wichtige Kontrollgremium, hat mit Klaus Brüggemann im Mai einen neuen Chef bekommen.

Und wir – Verlagschef Christian Becker und Autor Michael Jahn – hoffen, dass es in den kommenden 100 Spielen viele erfolgreiche Duelle gibt, die allen Fans lange im kollektiven Gedächtnis bleiben.

Michael Jahn

Quellenverzeichnis

Harald Tragmann/Harald Voß: Das Hertha-Kompendium; Verlag Harald Voß, Berlin 2017

Michael Jahn: Blau-Weiße Wunder – die Geschichte von Hertha BSC; Verlag Die Werkstatt, Göttingen 2011

Michael Jahn/Hardy Grüne: 125 Jahre Hertha BSC; Verlag Die Werkstatt, Göttingen 2017

Michael Jahn: Hertha BSC – Populäre Irrtümer und andere Wahrheiten; Klartext Verlag, Essen 2021

Knut Beyer und Thomas Matzat: 111 Gründe, Hertha BSC zu lieben; Schwarzkopf & Schwarzkopf Verlag, Berlin 2013

Oliver Ohmann: Hanne Sobek – Der größte Held von Hertha BSC; Sutton-Verlag, Erfurt 2007

Archiv Jahn

Privatarchiv Frank Schurmann

Archiv Fußball-Woche, Berlin

www.kicker.de

www.dfb.de/Datencenter/Bundesliga

www.haraldvoss.de

www.herthabsc.com

Mein besonderer Dank gilt Frank Schurmann vom Hertha-Archiv, der das Projekt intensiv unterstützt hat.

Zum Autor

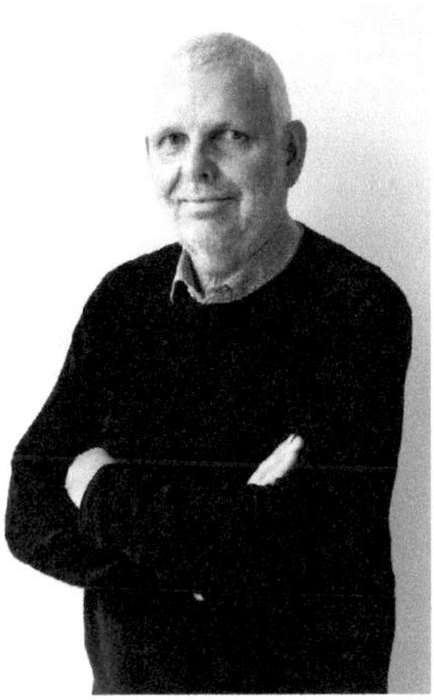

Michael Jahn, Jahrgang 1952, war 30 Jahre als Sportredakteur für die Berliner Zeitung tätig, davon 24 Jahre als Hertha-Reporter. Seit 1999 hat er insgesamt acht Bücher über Hertha BSC geschrieben, die im Verlag Die Werkstatt (Göttingen) und im Klartext-Verlag (Essen) erschienen sind. Zusammen mit Marcus Zander, dem Sohn des Sängers und Entertainers Frank Zander, veröffentlichte er 2017 das erste Hertha-Hörbuch („Mein Herz schlägt Blau-Weiß"). Im Arete Verlag Hildesheim, in dem das vorliegende Buch anlässlich des 130. Geburtstages von Hertha BSC erschien, veröffentlichte er zuvor „Allein in Las Vegas" – Reisenotizen eines Sportjournalisten (2018) und „Lucien Favre – Der Bessermacher" (2019). Jahn ist als freier Journalist in Berlin tätig.